社員研修では教えない、仕事の本当のやり方

谷行弘

経法ビジネス新書
011

はじめに

はじめまして。深谷行弘と申します。何かしらの縁で私の本を読みはじめてくださいまして、ありがとうございます。

さて、突然ですが皆さんにお聞きします。今、あなたはどのような思いで、この本を手に取られましたか？

「会社に入ったばかりで、どう仕事をしていいのかわからない」

新入社員や転職をしたばかりの人からよく聞かれる声ですね。

「毎日やらなければいけないことが多く、その日のうちに終えられない」

入社2〜3年目くらいで職場や仕事にも少しは慣れてきたけど、思うように結果が出せていない、という人からの声でしょうか？

「後輩や部下の育成が、なかなかうまくいかない」

中堅やベテラン、管理職などは人材育成も仕事の1つとして求められますよね。自分の思うように部下が育ってくれないと感じている人の声かもしれません。

「仕事でミスをしてしまい、ショックでうまく立ち直れない……」

仕事のことで上司やお客さまなどに叱られてしまい、気持ちがなかなか前向きにならないことって、仕事をしていると誰しもが必ず経験することですよね。

実にさまざまなきっかけや思いから、この本を手にしていただいていることでしょう。きっかけはいろいろであったとしても、実はこれらの人たちに共通点があるのをご存じでしょうか？　それは**仕事をするうえでの本当の基本を知らない、または実践できていない**ということなのです。仕事をするうえでの本当の基本とは、次の3つの基本的スキルであると、私は自分の経験から考えています。

・仕事のやり方を自分で見つけ出せるスキル

・嫌なことがあったときに、自分の気持ちを保つことができるスキル

・自分が活動しやすい人間関係を築けるスキル

この3つの基本的スキルは悩んでいる人に限らず、仕事をするすべての人が身につけておいたほうがよいスキルだと私は考えています。

このように考えるようになったのは、仕事上でいろいろな人に接してきたからです。

私は24歳の時から経営コンサルタントとして、そして32歳からは心理カウンセリングの手法も取り入れて、人と組織が成長するお手伝いを仕事としてきました。その中で、新人からベテラン、経営者まで、さまざまな人からの相談を受けながら気がついたのです。

一例をあげてみましょう。あるとき、「職場の人間関係で悩んでいる」と相談してきた人がいました。とても仲が良かった同期との人間関係が、最近ギクシャクしてきたことがとても辛いとの相談でした。同期と一緒にチームを組んで仕事をしているのですが、その相談者だけが、どうしても時間内に仕事を終えられないらしいのです。話をよく聴かせてもらうと、自分だけ仕事の手順をよく理解できずに、作業が遅くなってしまうということでした。

まずカウンセラーとして私がしたことは、相談者が落ち込んでいる今の辛い気持ちを受容し共感することでした。人間関係を辛いと思っている気持ちを、まずは軽くすることに対処したのです（第3章「嫌なことがあったときに、自分の気持ちを保つことができるスキル」の手法をカウンセラーとして紹介しました）。

ある程度気持ちが収まってきたら、今度は仕事のやり方を一緒に見直していきました。相談者の仕事のやり方は単なる作業となっていました。どのような状態になれば仕事が終わるのか？　そのためにはどのような手順や段取りで仕事を進めればいいのか？　それがあいまいなままで、よく理解できていなかったことがわかりました。

さらに話を聴いていくと、上司に対して苦手意識を持っていて、相談などができていないことがわかってきました。そこで次にしたことは、仕事の完成イメージを具体的に考えてもらい、そのために何をすればいいのか、手段や方法をある視点で考えてもらうことでした（第2章「仕事のやり方を自分で見つけ出せるスキル」を、コンサルタントとして情報提供したのです）。

自分でわからないことを上司にどのように相談をしていくのか、その方法も考えてもらいました（第4章「自分が活動しやすい人間関係を築けるスキル」を、カウンセラー&コンサルタントとしてトレーニングしたのです）。

そうすると、少しずつですが、その日に終えなければならない仕事が終えられるようになってきました。その結果として同期とのギクシャク感も和らいでいったのです。

この相談者は、3つの基本的スキルを知らなかったために仕事がうまくいかずに、人間関係まで悩んでしまいました。しかし基本的スキルを知り、実践することで、自分自身の悩みを解決できたのです。基本さえおさえておけば、別の新しい仕事に就いて仮に同じように悩んだとしても、次は自分の力で立ち向かい解決していくことができるのです。

また私の仕事仲間にも、この3つの基本的スキルを身につけて実践している人たちがいます。それは独立して仕事を請け負っているプロフェッショナルな人や経営者たちです。もちろん組織で働いている人の中にも、部下教育の上手な人や、とても多くの仕事を抱えながらも充実した生活を送っている知人もいます。それぞれ細かなやり方は違うにしろ、この3つの基本的スキルに近いものを実践して成功している人が多いのです。

人によってこの基本的スキルの身につけ方は違うようです。子どもの頃の遊びや勉強の仕方、クラブ活動などの経験から身につけてきた人もいるようです。運の良いことに、先輩や上司（時には家族）など、既に身につけている人が身近にいて教えてもらえた人もいます。また、自己啓発の機会などで自ら学習して身につけた人もいます（参考までに私の場合は遊びの経験と自己啓発の学習で身につけました）。

社会に出てできるだけ早い時期にこの３つの基本的スキルを学ぶ機会があったのならば、仕事をしていくうえで悩む場面や状況も少しは減ることでしょう。３つの基本的スキルの内容を、これまでの**コンサルティングやカウンセリング、自分自身の実践の経験から、具体的にご紹介していくのが本書**です。ですから、
この本は、仕事をするすべての人が対象なのです。

仕事とは何もお金を稼ぐことだけにとどまりません。ボランティアや家のこと、家族のことなど、何かをしようとするときにはこの３つの基本的スキルのいずれかが活用できるはずです。自分がやろうとしていること、やらなければいけないことがあるときは、多少悩んだとしても、活き活きと自分の思うように進めることができれば、こんなに幸せなことはありません。

最後にこの本の活用の仕方をご案内いたします。本書はどこから読んでいただいても

かまいません。最初から最後まで読むのもありですし、自分が今困っている項目のみを読んで実践するのでも問題ありません。この本は読んで覚えるのではなく、ぜひ実践して身につけていただきたいのです。無意識でも使いたいときに使えるように。
意識しなくても行動できるようになることを「スキル化」といいます。最初は慣れないことも多く、うまくいかないこともあるかもしれません。しかし、必ず自分自身の核になると信じて継続していけば、必ずスキル化します。

参考までにタイプ別の活用例をご紹介しておきましょう。

○タイプⅠ…新入社員や、仕事のやり方で悩んでいる人
最初から最後まで、まずは一読してみましょう。理解できなくてもかまいません。一読したら、2回目はぜひ実践してみてください。

○タイプⅡ…仕事のやり方がわからない、仕事の品質に自信がない人
第2章を読み、「ビジネス・サバイバル・スキル」を実践できるようにしましょう。自分が苦手だと思う項目を繰り返し実践して、スキルを強化してください。

○タイプⅢ…部下教育に自信を失っている人
第2章のビジネス・サバイバル・スキルを読み、特にゴールの明確化と業務の細分化（タスク・ブレイクダウン）を強化しましょう。ゴールを設定できずに部下教育ができていない人も多いものです。

○タイプⅣ…仕事の失敗や他人の評価を気にしてしまう人
第3章のメンタル・タフネス・トレーニングを読み、モノの見方や考え方の視点を増やすことを実践してみましょう。また自身で、自分を動機づける方法も実践してみましょう。

○タイプⅤ…他人との人間関係がうまくいかないと悩んでいる人
第4章のベーシック・コミュニケーション・スキルを強化してみましょう。自分が動きやすくなるための基本を身につけてください。

何かしらチャレンジしていくことで、自分の行動が変わっていくこと（行動変容）が成長の証でもあります。

では、皆さん自身の行動変容を信じてスタートしましょう！

深谷行弘

社員研修では教えない、仕事の本当のやり方　●目次

第1章

新入社員研修では本当に必要なことは何も教えてくれない

〜まずは基本的な考え方から学べ〜

1．ビジネスマナーだけでは、仕事のやり方は身につかない

どのような職場でも、効率よく仕事して結果を出せる人と、そうではない人がいます。これは新人、ベテランに限らず存在しています。効率よく仕事をこなせる人の特徴として、次のような点があげられるでしょう。

・仕事の最終レベルを常に意識している（確認している）
・仕事の段取りを組むのが早い
・時間の使い方がうまい
・気持ちの切り替えが早い
・いろいろな人と万遍なく付き合うのがうまい

反対に考えれば、効率よく仕事をこなせない人は、これらのうち何かが不足していることが多いのです。しかし、どうでしょうか？　皆さんはこのようなことを、入社してから早い時期に教わりましたか？　もしかしたら、先輩や上司からＯＪＴ（On the Job

Training：職場での実践を通じたトレーニングのこと）で教えてもらった人もいるかもしれません。そういう方はラッキーです。仕事のできる良い先輩や上司に恵まれていましたね。しかし残念ながらそうではない人は、このような感じで仕事を教えてもらったのではないですか？　簡単な流れだけを説明されて、あとは任される。そして結果だけを求められる…。これでは、大切なことを身につけることはできません。

私は新入社員研修を20年以上も実施しています。事前の打合せで教えてほしいと要望されることは、次のような一般的な内容が多いのです。

●企業が要望する一般的な新入社員研修の中身

・学生と社会人の違い（意識を社会人に変える）
・あいさつとお辞儀の仕方
・ビジネス敬語と文書の作成
・電話応対、メールの使用方法
・名刺の渡し方

・接遇応対
・コンプライアンス（社内情報保守や法令遵守など）

もちろん、これらも人に接する基本を身につけるためには必要なことです。しかし、これだけでは、仕事で嫌なことがあっても、立ち直り、仕事を効率よくこなしていくには不十分なのです。多くの会社や組織が、この段階で終わってしまい、本当に必要な、社会で仕事をしていく基本的なやり方などは、カリキュラムとして組まれているところはほとんどないのが実状です。

会社や組織によっては、個人の希望によって外部の研修などで学ぶ機会を与えてくれるところもありますが、良い先輩や上司に恵まれない限り、基本的には自らで身につけていかなければなりません。

2. ベテランや管理職、経営者層でさえも、これらができない人たちがいる

18頁にあげた項目を知らない、または実践できなくて困っているのは、何も新人や若手だけではありません。企業などでコンサルティングや研修をしていると、次のような人に出会うことがときどきあります。

・自分１人ではそれなりに仕事をこなせるけど、部下の育成ができない管理職
・部下が立てた目標をレビューできない、部下を適切に評価できない管理職
・自分の感情を一方的にぶつけて、仕事を押し付ける管理職

これらの人たちは、自分の仕事を経験則的にこなしている場合が多く、ほかの人に仕事を教える、計画的に物事を成し遂げる、などが苦手なことが多いようです。この人たちは18頁であげたことを理解できていないのです。理解できていないために、部下に伝えることも、指導することもできないのです。

このような管理職や経営者の皆さんには、18頁の５つの項目のうち、次の３つを研修形式で理解してもらうようにしています。

・仕事の最終レベルを常に意識している（確認している）
・仕事の段取りを組むのが早い
・時間の使い方がうまい

これらの3つの項目は、タスク・マネジメントと呼ばれる「第2章　仕事のやり方を自分で見つけ出せるスキル」（仕事を組み立てる能力）の一部の内容です。この3点を見直すだけで、自分の仕事のやり方も部下育成も劇的に変わってきます。

それぞれどのようなことを意味しているのか、簡単に説明しましょう。

○仕事の最終レベルを常に意識している（確認している）

仕事が終わったときの状態や、その際の仕事の品質を「ゴール」といいます。仕事が発生した時点で、まずはこのゴールを具体的に設定することが必要です。特に仕事の品質は、相手が求めているレベルに合わせることを意識します。

例えば、あなたが自分の仕事の終わり（ゴール）をイメージしたとき、「＊＊億円の売上達成」とか、「××書類の作成処理」などのように、漠然としたものになっていま

せんか？　仕事が終了した結果が、
・そもそもの目的や意図に適した状態になっているか？
・どのようなところに影響を与えていくのか？（与えようとしているのか？）
をできるだけ具体的にイメージすることが大切です。

例としては、「＊＊億円の売上げを達成して、自社の認知度を高め、次の提案がしやすい状況を構築する」などです。

また、仕事が終了したときの品質は、上司やお客さまが望んだレベル（品質）に合ったものになっているでしょうか？　仕事の終了状態は相手が望むレベルなどによって変わります。相手が望んでいるレベルより下の内容では満足してもらえません。上司だったら叱られるでしょう。お客さまだったら二度と仕事がこないかもしれません。

反対に、レベル（品質）は高過ぎてもいけません。「良いものを提供しよう」と努力し過ぎて、必要以上に時間をかけても、お客さまの満足度は一時的には上がったとしても、継続するものではありません。相手が望むレベル（品質）を常に確認し、結果として少し超えた状態を目指してゴールを設定することが大切なのです。

ゴール

＝　仕事が終わったときの状態やその品質

- ○　目的や意図に適しているか？
- ○　影響の範囲と度合いは明確か？
- ○　相手を満足させられる品質か？

　⇒　求められているレベルより、
　　少しだけ超えた品質設定
　　になっているか？

◯仕事の段取りを組むのが早い

ゴールが具体的に設定できたら、次は仕事の段取りを組むことが必要です。そのためには、ゴールに到達する手順や方法を手早く洗い出すことが求められます。この手順や方法を手早く洗い出すことを「業務の細分化（タスク・ブレイクダウン）」といいます。業務の細分化の方法がわかれば、あとは機械的に実際にするべき業務（タスク）を全部洗い出して、それを順番にこなしていけばいいだけです。これができると〝仕事の段取りを組むのが早く〟なります。

しかし、この業務の細分化ができず、何をしていいのかわからないまま、仕事になかなか取り掛かれない人がいます。1人で一生懸命考えていても業務の細分化はできませんし、時間だけが過ぎていきます。業務の細分化をするためには、ある一定の考え方で機械的に整理をし､早い段階で行動することが大切なのです。段取りを組むのが早い人、業務の細分化に慣れている人は、その視点や考え方を何かしら自分の中に持っている人なのです。

業務の細分化の具体的なテクニカルな手法は、第2章で説明させていただきます。

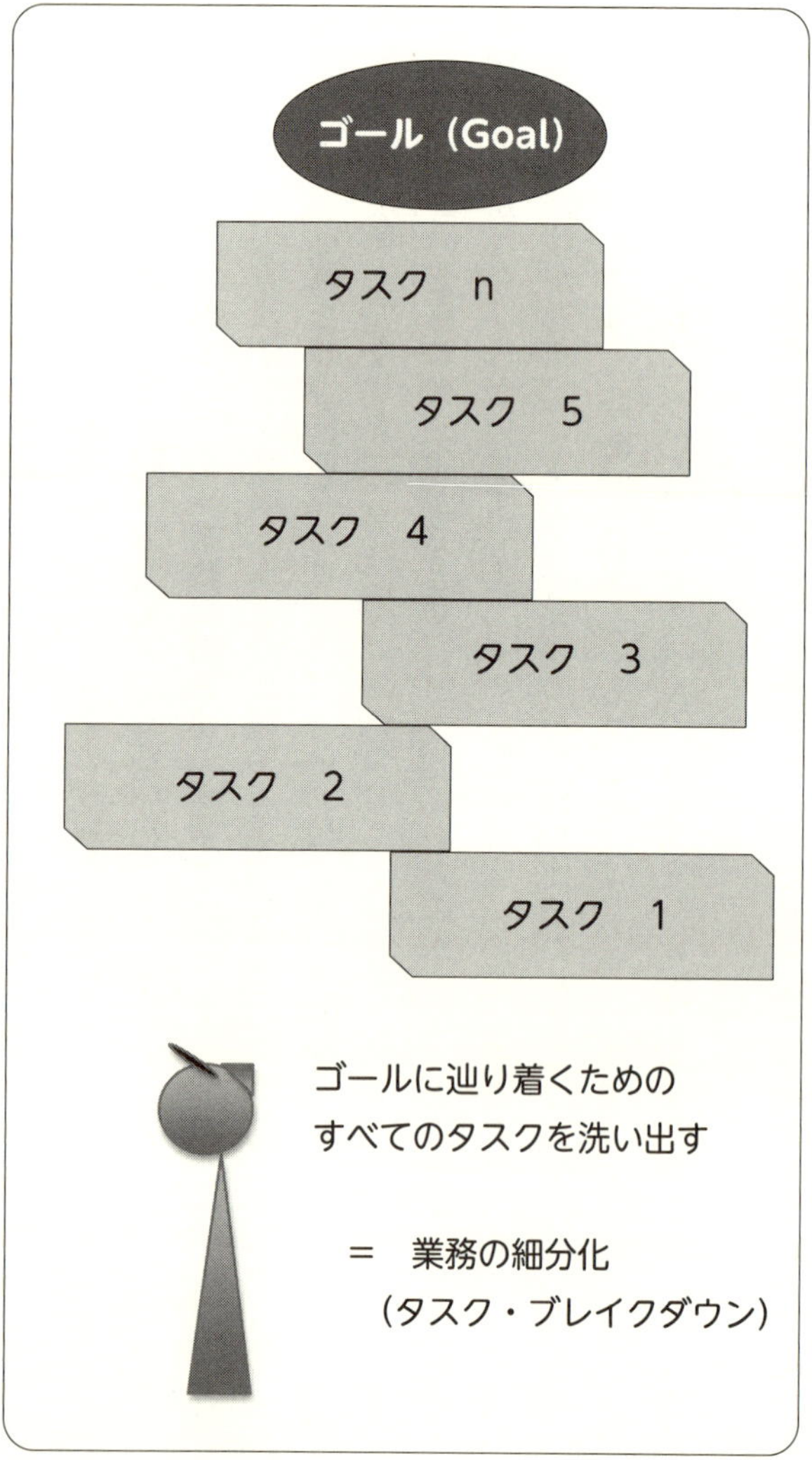

ゴール（Goal）
タスク　n
タスク　5
タスク　4
タスク　3
タスク　2
タスク　1
ゴールに辿り着くための
すべてのタスクを洗い出す
＝　業務の細分化
（タスク・ブレイクダウン）

◯時間の使い方がうまい

仕事ができる人の大きな特徴の1つに、時間の使い方がうまいということがあげられます。どうすれば時間をうまく使えるのでしょうか？　そのためには、先ほど説明した業務の細分化をしたタスクの大きさ、またそれぞれのタスクの組み合わせ方が鍵になってきます。

タスクの大きさに決まりはありません。しかし、大き過ぎるとタスクを処理する時間もまた大きく設定しなければいけません。例えば「企画書を作成する」という大きなタスクを設定したとします（実際には、これでは業務の細分化はできていませんが…）。

まずは処理するためにどのくらいの時間が必要かある程度考えます。先輩や上司にどのくらいかかるのか聞いてみる、または自分の経験からだいたいの時間を予測します。

仮に過去に同じような企画書を作成したとき、2時間かかったとします。そうすると、自分のスケジュール帳には、2時間のまとまった時間を確保しなければいけません。

そこでタスクをもう少し細分化してみましょう。わかりやすいように簡単な例にします。

タスク①「過去の資料の確認」（20分）
タスク②「全体構想作成」（30分）
タスク③「データ収集」（30分）
タスク④「清書」（30分）

このように4つのタスクに分解し、それぞれの時間も目安で考えておきます。この例ですと、タスク①は20分、タスク②～④は30分ずつです。こうすれば、自分のスケジュール帳に、20分と30分単位で空いたところにそれぞれのタスクを埋め込むことができます。一度にやってしまう時間があればいいですが、ほかの仕事も抱えていると大きな時間を確保することが難しいときがあります。そんなときにはタスクをできるだけ小さくしておくと、ちょっとした時間にタスクを処理して仕事をゴールに導くことができるのです。

また、ほかの仕事を、業務の細分化をした複数のタスクとどう組み合わせるのかも大切です。そうです、各タスクに優先順位をつけて1日、1週間、1か月単位で処理していくのです。

優先順位のつけ方も人それぞれで基準を持っているようです。基本的な考え方としては、重要度と緊急度でタスクに機械的にウエイトづけをして優先順位をつけます。会社や組織によっては、重要度や緊急度のウエイトづけが、ある程度標準化されているところもあるようです。

優先順位づけは、1日のスケジュールを組む際に、どのタスクを優先させるのかを考えるうえでとても大切です。しかし、突発的に急な仕事が発生したとき、どの仕事を今日のスケジュールから外すのかを考える際に、それ以上に力を発揮します。たくさんのタスクにスムーズに優先順位をつけられることが、時間をうまく使うためには不可欠なのです。

また職場によっては制限があるのでお勧めすることはできませんが、モバイルツール（ノートパソコンやタブレット、スマートフォン、携帯電話など）をフルに活用することも必要です。ちょっとした考えをメモするのにスマートフォンを活用する、ちょっと空いた時間に、必要な資料をネット上で収集したり確認する、または報告・連絡・相談をメールで済ませてしまうなど、会社に戻ってから行うタスクを出先で処理してしまうことも、時間を有効に使うことにつながっていくのです。

ここまで説明してきたタスク・マネジメントの3つの項目は、「第2章　仕事のやり方を自分で見つけ出せるスキル」（仕事を組み立てる能力）でした。いうなれば仕事のやり方そのもののスキルです。

これから説明する2つは、自分を支えるためのスキルともいえます。簡単に説明しておきましょう。

・気持ちの切り替えが早い
・いろいろな人と万遍なく付き合うのがうまい

この2つは、管理職向けというよりは、一般社員や、仕事で悩んでいる人に対する力ウンセリングなどの中で新たな気づきを得てもらうものです。

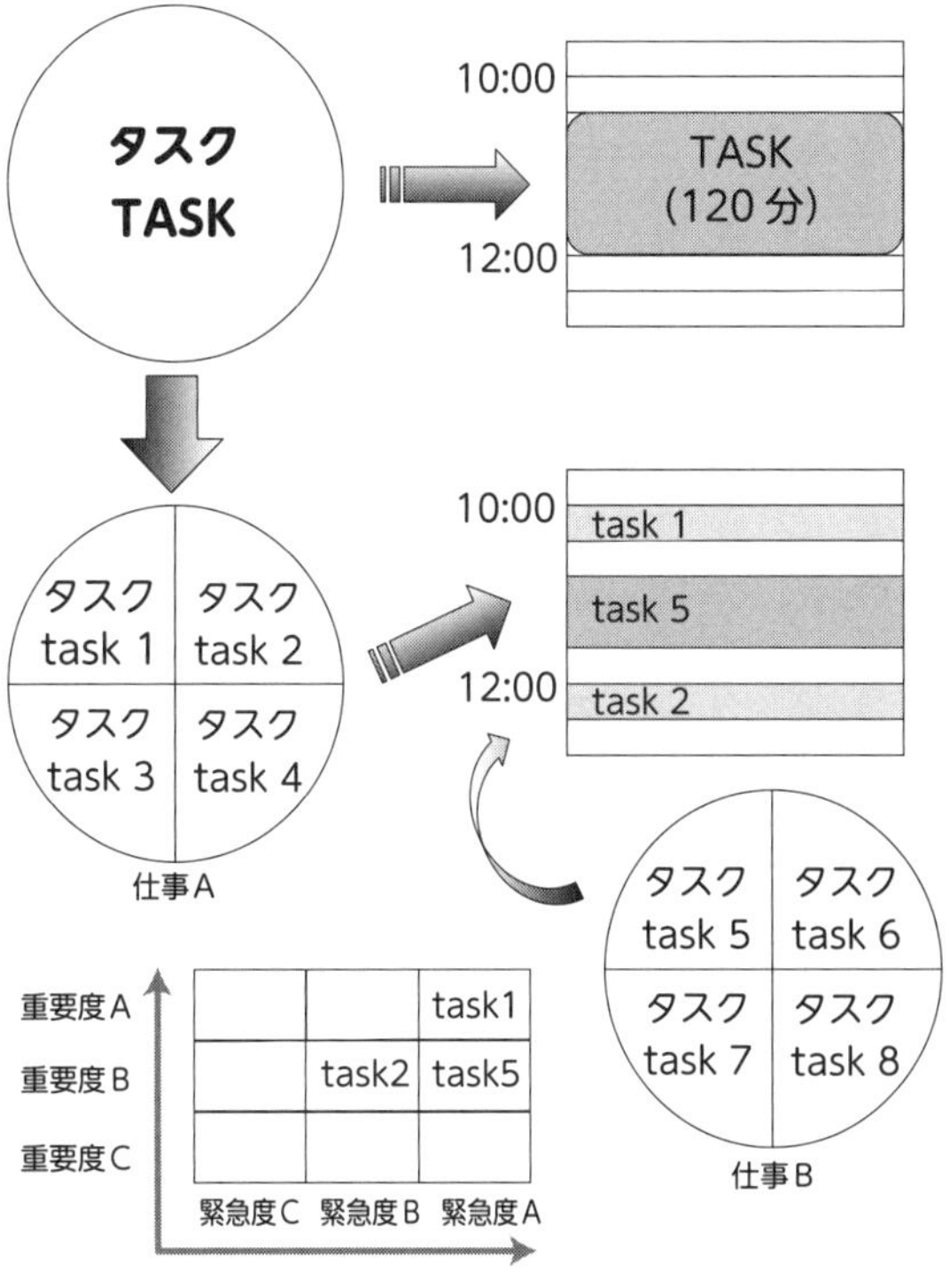

タスク（TASK）は、可能な限り細分化（task）すると、
スケジュール化も優先順位もつけやすくなる！

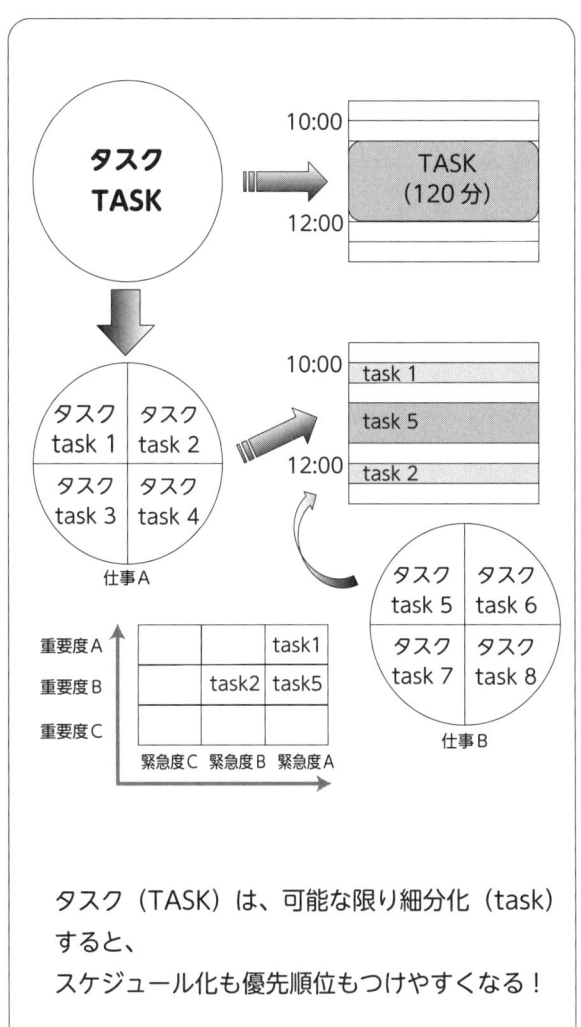

○気持ちの切り替えが早い

これは「第3章　嫌なことがあったときに、自分の気持ちを保つことができるスキル」(自分の心を支える能力)の1つです。

日々仕事をしていると、自分の意にそぐわないことや、失敗、時にはトラブルに巻き込まれるなど、さまざまなことがあります。そんな中で仕事をしていくために、自分で自分を守ることも知っておかなければなりません。そのためには心理学の手法を用います。

・嫌なことがあったとき、心が傷ついてしまったときに、どのように癒すのか?
・自分が苦手なことに対して、どのように対処していく必要があるのか?
・自らをいかに動機づけしていけば成長するのか?

このように、毎日の生活の中で心をメンテナンスする方法も知っておかなければいけません。いくらタスク・マネジメントが実践でき、スキル化されたからといっても、それだけで頑張ることはできません。人は心を持った、いろいろな感情を生じる動物です。心の状況が、時には仕事にも影響し、最悪の場合は心の病気になることさえあります。

そうなると、仕事を続けることができなくなってしまうおそれさえあるのです。仕事だけに埋没してしまうと、その危険性はさらに増します。仕事もプライベートも健康的に充実させるためにも、自分の気持ちを保つことができるスキルが必要なのです。

◯いろいろな人と万遍なく付き合うのがうまい

これは、「第4章　自分が活動しやすい人間関係を築けるスキル」（人間関係を構築する能力）の1つです。

友人関係であれば、自分が好きな人とだけ付き合っていけばいいのですが、仕事ではそうはいきません。自分と合う人でも、合わない人とでも、それなりに人間関係を意識して構築していかなければ、仕事をうまくこなしていくことは難しいものです。

社会には、実にさまざまな人がいます。同僚、上司、お客さま、他部署の仲間など、苦手な人があなたにも存在するかもしれません。苦手だから、嫌いだからといって感情的に接していたら、あなた自身の仕事もスムーズにこなせないかもしれません。また、そういう相手から仕事を邪魔されたり妨害を受ける危険性もないとはいえません。どんな人たちとも最低限の人間関係を構築できれば、邪魔されることはなくなるかもしれません。

反対に、職場はもちろん、職場以外にも、自分が頼れる人、味方になってくれる人もいます。その人たちの存在は精神的な支えになるだけではなく、実際の行動を応援してくれる場合もあるのです。さらに交流を深め、強固な人間関係をより強化していきたいものです。

社会ではいろいろな人に出会います。その中で、〝この人とはとても気が合う、うまくやれそう！〟と思える人に出会えるのは、本当は奇跡に近いのかもしれません。自分と同じような価値観で付き合える人は、それほど多くはありません。仕事をスムーズに進めるための人間関係は、意識的につくることが不可欠です。

・味方になってもらいたい人とは良好な信頼関係を築く
・邪魔されたくない人とは、それなりの人間関係を築く

3. 仕事を早く覚えるには、そのフローを追いかけろ

私が行っている新入社員研修では、新人の皆さんに仕事を早く覚えるコツとして次のことを勧めています。

・社内に流通している書類の流れを追え
・書類の流れに伴う作業手順を追いかけろ

実はこのやり方は、私が企業で業務改善コンサルティングを頼まれたときに、最初に実施する作業です。依頼された会社や組織にはどのような仕事があるのか、また、その仕事のどの段階（手順）で問題が発生しているのかを把握するために必要不可欠なことなのです。

社内に存在する業務の動きをすべて把握している人は、その組織の中にはほとんどいません。中には自分が行っている仕事がどのような過程で発生し、自分が処理した仕事がその後工程でどのように利用されるのかさえ知らずに仕事をしている人たちもいるのです。そういう人は、

・毎日の仕事を定型ワーク（ルーティンワーク）としてこなすだけ
・経験則的に与えられた仕事を処理しているだけ

の人に多いようです。

新入社員が書類や仕事のフローを追いかける目的が、実はもう1つあります。それは自分が行った仕事の品質がどの程度のレベルに設定すればいいのかがわかるからです。自分が処理した仕事の結果が、後工程ではどのように活用されるのかがわかれば、自ずとゴールの品質設定ができます。

少し極端な例で説明しましょう。

ある居酒屋があります。そこはお客さまの注文を伝票に書いて厨房に回すシステムだとしましょう。

Aというフロア係はお客さまから注文を受けたら、その注文が厨房にわかる単語だけを記載して伝票を厨房に回します。

またBというフロア係はとても几帳面で、真面目な人だとしましょう。Bはお客さまから注文を受けたら、メニューに書いてあるとおりに正確に、とても丁寧に楷書で清書して厨房に伝票を回したとします。

さて、お客さまや厨房から喜ばれるフロア係はAとBのどちらでしょうか？　聞くまでもありませんが、ここはあえて説明しましょう。

ここで、お客さまや厨房がフロア係に何を求めているのかを整理します。

○お客さまの期待感

早く美味しい料理を食べたい。すぐにオーダーを通してほしい！

○厨房で料理を作る人の期待感

お客さまの注文を間違えることなく正確に、かつ早く伝えてほしい！

お客さまからの注文が前工程です。ここで発生するフロア係の仕事は次の3つです。

○フロア係の仕事

①お客さまからオーダーを聞く

②聞いたオーダーを伝票に書き写す

③書いた伝票を厨房に回す

①と③のタスクは、よほどのことがない限り問題になることはありません。問題は②の「書き写す」という作業です。

もっと極端な例として設定すると、フロア係Bがこの書き写した伝票をパソコンに入力してプリントアウトしてから厨房に回したとしたら、皆さんはどう考えますか？ あり得ない話ですよね。お客さまと厨房係の期待感に応える対応は、言うまでもありませんが、Aの対応ですよね。せいぜい厨房係が読み間違えない程度に丁寧に書くという、読みやすさという期待感プラスαの仕事ができていれば十分でしょう。Bは過剰ですよね。もしかしたら自己満足の仕事になっているかもしれません。

ここまで読んで笑った、または呆れた人も、自分の仕事をよく再確認していただきたいのです。同じようなことが、実は職場では割とよく起こっているものなのです。例えば、

「企画内容の是非を今すぐに判断したいので、企画書を出してくれ」

「会議の欠席者にもいち早く知らせてあげたいので、議事録を出してくれ」

と言われたら、皆さんはどうしますか？

「ワードやパワーポイントでキレイにまとめてから出す」

という人は、実はフロア係Bと同じ過ちを犯していることに気づいていないことになります。この場合の相手の期待感は、「早く出してほしい」ということですよね。

企画書であれば、手書きでもメモでも、ある程度わかるもので十分なのかもしれません。議事録であれば、打合せ中に記録したメモで十分に事足りるかもしれません。相手に確認をしなければいけませんが、相手の期待感に合わせてプラスαの品質で納品しなければ、単なる自己満足の仕事となってしまうのです。

ある企業では、社内会議用資料についてパワーポイントの使用を禁止しているところがあります。本来求めていない品質のゴールのために必要以上に時間をかけて見た目を美しくしても、求められている期待感とズレがある、無駄な仕事をしているという評価なのです。

求められている仕事の品質がどの程度のものかは、その仕事や書類の前後の流れを把握していれば判断することができます。

書類やそこに付随する作業手順のフローを追いかけるには、次の2段階があります。

第1段階　全体がわかる程度の概要のフローを追う
第2段階　自分の仕事に関連する書類や作業手順は詳細の手順を追う

まずは第1段階で全体像を理解します。すべてを詳細に追っていき、理解したところで、あなたがコンサルタントや全社的な業務改善を担当していない限り、あまり役には立ちません。少なくとも今自分がこなしている業務に関わるもの、自分が処理していなくても自分の部署が関わっている書類や仕事は理解しておくことが重要です。前後の工程を知っていると、どのタイミングで自分の仕事が発生するのか予測がつきます。そうすると事前に仕事の準備に取りかかることや、ほかの仕事と一緒にまとめて処理するなど、仕事の効率を上げるヒントが見つかるのです。

その次に、第2段階で自分の仕事に関連する書類や作業手順などを丁寧に確認していきます。うまくいっていない業務には必ず知らなかった作業手順や、行ううえでのポイントが見つかるものです（詳細に調べたのに問題が解決しない場合には、手順そのものか、前後の工程、使っているツールなどに問題がある場合があります）。

手順を詳細に確認することでわかることは、

・何の資料を確認して、またはどこから情報を参照して仕事をするのか？
・その仕事にはどのような帳票類が使われるのか？
・使われるツールやシステムには、どのようなものがあるのか？
・作業を進めていくうえでのポイントや問題点には、どのようなものがあるのか？
・何か問題が発生したときには、誰に相談すれば解決するのか？

などです。自分が実際に処理する際の多くのヒントを知ることができます。

会社によっては業務フローや作業マニュアル、手順書などが整理されているところもあります。もしあれば、ぜひとも一度は確認してみてください。もし、そのような書類がないという場合には、先輩などに聞いて、自分なりに整理しておくことをお勧めします。

第2章

仕事のやり方を自分で見つけ出せるスキル

～ビジネス・サバイバル・スキル（ＢＳＳ）を身につけろ～

この章では、「仕事のやり方を自分で見つけ出せるスキル」の具体的な方法を説明していきます。ここで紹介するのは、実際に私が「ビジネス・サバイバル・スキル（Business Survival Skill：BSS）」というタイトルで研修を行っている内容を本書用にまとめ直したものです。

現代の社会では、少ない人数で多くの仕事をこなさなければならない状況が続くとともに、その仕事の内容もどんどん複雑化してきています。そんな社会で生き抜いていくための基本的なスキルということで、「**ビジネス・サバイバル・スキル（BSS）**」と名づけています。

第1章でも少し触れましたが、ここで紹介するBSSは、

・仕事が発生したら、仕事に取り組む前に、まず取り組むことは何か？

という基本的な内容から、

・仕事をうまく進めていくためには、どんな仕掛けが必要か？
・思うように仕事が進まないときにはどうしたらいいのか？
・失敗したときは、どのように切り抜けるのか？

・さらに仕事の質や効率を高めていくためにはどうするのか？

などの実践的な内容までを含んでいます。

新入社員から3～5年までの中堅クラスの方でしたら、一通り読んで自分の仕事のやり方を再確認してみてください。自分ができている点、または不足している点が明らかになるはずです。仮に今できていなかったとしても、自分を責めて落ち込むのではなく、不足している内容を補うことに目を向けてください。意識してトレーニングすることで、あなた自身が成長し、仕事の効率性や質がレベルアップしていくことでしょう。

管理職や経営幹部で、次のような項目で悩まれている方はいませんか。

・経営計画・目標が達成できない、思わしくない

・部下を育成できない（評価できない）

・指導がパワーハラスメントの危険性がある

そのような場合には、次の項目をぜひ参考にしてみてください。

①仕事が発生したら、まずはゴールを設定しろ

②仕事の段取り、業務を細分化する

コンサルティングや研修を実施していて、管理職や経営幹部と話をしていると、この2点を見直すことで解決することも実際の現場では少なくありません（ゴール設定も段取りも問題がないなどの場合は、必要に応じてほかの項目を参考にしていただきたいと思います）。

自分自身のやり方を再度見直してみる、またはこれらの視点で後輩や部下に指導してみるだけでも、基本を教えることができ、応用の利く自立した成長を促すことができるのです。経験的に、または天才的に仕事ができてしまう人だと、何をどのように教えていいのかわからないという声も聞きます。過去の成功体験は大切にしつつ、あとは体系的にまとめたものを一例として活用しながら指導に役立てていただければと思います。

1. 仕事が発生したら、まずはゴールを設定しろ

仕事が発生したら、最初に取り組まなければいけないのは、「ゴールを設定」することです。この場合の「ゴール」とは、次のようなものを意味しています。

・仕事が終わったときの状態やその品質
・達成したい状況を具体的な目標にしたもの

なぜゴールを設定するのか、その理由には次の2点があげられます。

・仕事が終わった状態を明確にイメージすることで、実際にどのような作業や処理、確認をすることが必要なのか、段取りが考えやすくなる
・仕事が終了したときの品質を明確にできる

つまり、できるだけ具体的にすることが重要なのです。

ゴールを設定する際には、**とにかく具体的に想像すること**です。例えば、漠然とした仕事の終了イメージは次のようなものです。

○大きな単位での仕事の終了イメージ
a　今期売上目標　2億円の達成（営業職の場合）
b　ミスを去年より減らす（技術職、製造職、総務人事職などの場合）
○小さな単位での仕事の終了イメージ
c　企画書（提案書・資料など）を作成する
d　＊＊＊＊データのシステム入力処理をする

このようなゴールの設定を第1段階としましょう。この表現でも十分に仕事を効率よく進めることができる人もいます。それは、ゴール設定の表現が抽象的でも頭の中にかなり具体的なイメージを持っている場合が多いのです。

しかし、頭の中に具体的なイメージを持たずに、このようなゴール設定をしていると、仕事の効率も質も上がりません。その場合は第2段階でさらに具体化していかなければなりません。

第2段階は、次の4つの視点で、さらにゴールのイメージを具体化していきます。

視点１　この仕事の真の目的や意図は何か？（何のために行うのか？）
視点２　影響を与える人や部署等、その範囲や度合いはどの程度のものか？
　※影響を与える例…直接的に与える人、間接的に与える人
視点３　終了するために自分が持っている資源（リソース）は何か？
　※リソースの例…協力者・ツール・コスト・権限・情報・時間、など
視点４　仕事の納期は明確に意識しているか？
　※納期は、最終納期以外にも、中間納期を設定する

仕事が発生した時点では、わかる範囲でかまいません（簡単に調べられることなどがあれば、情報を集めたうえで考えます）。この４つの視点から想像を膨らませるだけでも、第１段階からは、より具体的なゴール設定になっていきます。前頁のａとｃを例に見てみましょう。

【例A…aを4つの視点で具体化する場合】
a 今期売上目標 2億円の達成（営業職の場合）
↓
視点1 自社のシェアを伸ばすために、商品開発部と協力しながら商品Xの売上げを伸ばして2億円を達成する
視点2 その影響の範囲は（直接的に与える人）既存および新規のお客さまへの提案、（間接的に与える人）営業開発部
視点3 今自分に与えられているリソースは、相談できる先輩と上司
視点4 （最終納期）時間的な猶予は1年間（中間納期）3か月後に30%、6か月後に60%、9か月後に80%

【例C…cを4つの視点で具体化する場合】
c 企画書（提案書・資料など）を作成する
↓

視点１　この企画書は自分の部署の業務改善をねらいとするもの。部長に承認をもらって実行に移したい

視点２　その影響の範囲は（直接的に与える人）部署のメンバー全員、（間接的に与える人）なし

視点３　今自分にあるリソースは、過去のデータ、協力的な先輩

視点４　（最終納期）２週間先の金曜日の17時
（中間納期）10日後（方向性の最終確認と上司のレビューを受けるため）

いかがですか？　あくまでも例ですので、参考程度に見ていただきたいのですが、最初のａやｃと比べて、４つの視点で見直すと、目的やねらい、誰に対して何をすべきなのか、そのときに自分が持っているリソースが明確になるので、実際に取り組むべき段取りも、よりイメージしやすくなると思いませんか？

ゴールを具体的にする理由にはもう１つありました。

・仕事が終了したときの品質を明確にできる

仕事の品質を明確にする理由は第1章でも説明しましたが、

・直接的に影響を与える相手に対して、満足してもらえる品質を明確にする

・相手が満足する品質のための本当に必要な作業内容や時間をイメージする

この2点にありました。【例A】でいいますと、想定しておく品質は次のようなものです。

目的やねらいは、「自社のシェアを伸ばしたい」ですので、ただ2億円の売上目標を達成するだけでは、品質は不十分です。商品Xそのものや提案の仕方などが、いろいろなお客さまに「購入したい」と思われるものになっているかどうかを、活動の中で確認していくことが必要なのです。ですから、

この【例A】の品質の例は、

商品Xそのものや提案の仕方が、ほかのお客さまにプラスの影響を与えられるものということまで考えておかないといけないのです。

また納期もとても大切です。最終的にいつまでに終了（完成）していればいいのか、

最終納期を設定したとします。ゴールの設定通り最終納期に終了していればまったく問題ありません。しかし、なかなか思うようにいかない場合もあります。例えば、

・想定していた状況やリソースが現実には違っていた
・上司などの関係者から修正の指示や依頼が入った
・実施してみたものの、このままのやり方ではゴール達成が難しいことがわかった

などの場合には、途中で修正できる時間的な余裕を確保しておくことが必要です。

ゴール設定の段階では、大まかな目安でかまいませんので、中間納期を設定しておきます。中間納期をマイルストーンともいいますが、どこかの時点で１つ設定する場合【例C】、安全を考えて複数を設定する場合【例A】など、状況に応じた設定が大事です。

仕事ができる人、部下を育てられる人、自分の指導がパワハラにならない人は、このゴール設定がとても上手です。ゴールを明確にしているため、目的やねらいがぶれることなく、何をしていけばいいのかをイメージして動くからです。ぜひ、想像力を膨らませて、具体的なゴール設定ができるようにしてください。

ゴール

＝　仕事が終わったときの状態やその品質

- ○　目的や意図に適しているか？
- ○　影響の範囲と度合いは明確か？
- ○　相手を満足させられる品質か？
  ⇒　求められているレベルより、
  少しだけ超えた品質設定
  になっているか？

＜具体化するための４つの視点＞

視点１　この仕事の真の目的や意図は何か？
視点２　影響を与える人や部署等、その範囲や度合いはどの程度のものか？
視点３　自分が持っている資源（リソース）は何か？
視点４　仕事の中間納期・最終納期は明確か？

2. 仕事の段取り、業務を細分化する

ゴールの設定が具体的にできると、その仕事の段取りはある程度簡単に組めるものです。なぜなら、仕事が終了している状態が具体的にイメージできているので、ゴールに到達するには、何（手順や方法）をすればいいのかが考えやすくなるからです。しかし、初めて経験する、または、まだ慣れていない仕事をするときなどは、なかなかうまく手順も設定できないものです（当然、それは同時にゴールもあまり具体的にイメージできていないものです）。

経験している仕事であれば、何となくでも仕事を処理していく流れや、やり方、終了の状態などはイメージしやすいものです。しかし、未経験の仕事では、何をしていいのかわからないのは至極自然なことで、誰しも当たり前のことです。

そこで、ゴールに到達するための手順や方法を手早く洗い出すコツが、「業務の細分化（タスク・ブレイクダウン）」です。

業務の細分化（タスク・ブレイクダウン）をして、洗い出した1つひとつの業務を「タ

スク」と呼びます。このタスクを洗い出すための視点が、次に説明するＩＣＣＭＲです。次の５つのステップで細分化します。

●タスク・ブレイクダウンの5ステップ「ICCMR」（アックマー）
ステップ①知識や情報を調査しろ！（Investigation）
ステップ②知っている人に相談・質問しろ！（Conference）
ステップ③協力者を捜せ！（Collaborator）
ステップ④自分がするタスクを絞れ！（My Job）
ステップ⑤タスクの漏れをチェックしろ！（Reconfirm）

ステップ①知識や情報を調査しろ！（Investigation）
まずは、わかる範囲でその仕事に関する知識や情報を調査して集めます。集める知識や情報には次のようなものがあります。

・仕事のＩＮとＯＵＴ（どこから発生して、どこに納品するのか）
・ゴールの完成型（仕事が終了した状態のもの。書類や完成品など）
・その仕事に対する基本的な考え方や取り組み姿勢の指針など
・コンプライアンスやルール（業界・社内など）
・業務フロー（必要書類・使用ツール・マニュアルなど）
・必要工数（納期と処理に要する時間の目安）

社内の仕事であればインターネットではなく、社内の資料を調査しましょう。会社としてもまったく初めての業務でもない限り、何かしら過去の資料があるはずです。会社や組織によっては、マニュアルなどで整備されているところもあります。そういうものが存在するかどうかを確認してみましょう。

注意しなければいけないのは、調査に時間をかけ過ぎてしまうことです。本来の目的は設定したゴールに効率よく到達することです。調査に時間をかけ過ぎて動けなくなるのはゴールを見失っています。この時点でわからないことがあってもかまいません。わからなかったことは、次のステップで明確にしていくからです。

タスク・ブレイクダウンの目的は、何をすればゴールに到達するのか、そのタスクを明確にすることです。知りたい内容は何を見れば把握できるのか、この現時点では、その内容をイメージできるよう、できるだけたくさんあげていきます。

ステップ②知っている人に相談・質問しろ！（Conference）

前のステップ①でわからなかった、把握できなかったことなどを明らかにするのが、このステップの目的です。したがって、ステップ①でわからなかったことを整理して、

誰に何を相談・質問して明らかにすればいいのか

をあげていきます。ここでのポイントは、**相談や質問のためにはどのような準備が必要なのかを考えておくこと**です。準備が必要なこととは、前のステップ①で事前に知っておかないと相談も質問もできない項目が対象になってきます。自分も、そして相手の時間も無駄にしないために準備は必須です。

また、いつ、どのタイミングで相談・質問をするのかも、あらかじめ考えておきます。

自分の都合も大切ですが、相手が相談を受けるのに負担のない時間帯や業務の合間など、都合のよいタイミングを考えておきましょう。同じ部署の上司であれば、行動を観察していれば、そのタイミングはわかるものです。離れている部署の人などの場合には、できるだけ早く都合を確認することも忘れないでください。

ステップ③協力者を捜せ！（Collaborator）

仕事をゴールに導くために、協力してくれる人がいないかどうかを考えます。この場合の協力者とは、

・一緒にタスクを処理してくれる人
・タスクの一部を依頼できる人

という観点から探します。なぜならば、可能な範囲でタスクの一部を誰かに行ってもらえれば、自分が本当に取り組まなければいけないタスクに集中できるからです。すべてを１人でこなすことだけが責任感ではありません。大切なのは、効率よくゴールに到達することです。ここでも仕事のゴールは何だったのか、再確認をしておきます。

また、タスク・ブレイクダウンでは、
・何のタスクをどのタイミングで依頼するのか
・そのためには、事前に何を相談しておくのか
をあげていきます。

　人は自分が思っているようには動いてくれないものです。時間に余裕を持って、事前相談や依頼のタイミングを設定しましょう。


ステップ④自分がするタスクを絞れ！（My Job）

　ここまでの3つのステップで業務を細分化してくると、自分が本当にしなければいけないタスクが見えてきます。誰かに依頼できるタスクは協力者にお願いすることで、自分のタスクを絞り込むことができ、効率よく仕事を進めていくことにつながります。

　このときのポイントは、処理に要する時間の目安を考えておくことです。わからないときは先輩など、わかっている人に必要な時間数を聞きます。初めて取り組むタスクであれば、その時間の30～50％プラスした時間を想定しておいたほうがよいでしょう。慣

れないことには時間がかかるものです。

ステップ⑤タスクの漏れをチェックしろ！（Reconfirm）

ここまでのステップで業務の細分化が進み、タスクも見えてきたことでしょう。最後のステップでは、今まで考えてきたタスクを全部処理していけば、ゴールに辿り着けそうなのかどうかを確認することです。漏れているタスクがあれば補います。漏れがないようでしたら、あげたタスクを順番に実行していきます。

業務の細分化は一度で終わらない場合も多いものです。次のような場合には二度、三度、状況によっては何度でも、業務の細分化を行っていき、ゴールに少しずつ近づけていきます。

・初めての仕事などで、ゴールの設定が曖昧なとき
・ステップ①「知識や情報を調査しろ！」で、調査した結果、新たなタスクが発生したとき

・ステップ②「知っている人に相談・質問しろ！」で、修正や追加のタスクが発生したとき

まずは第1段階の業務の細分化を行い、その結果のタスクを実行してみて、必要に応じて第2段階、第3段階と業務の細分化をしていくことが必要、と考えたほうが気持ちもラクでしょう。

また、業務の細分化を重ねることは、大きなメリットがあります。

ゴールをより具体的なイメージで設定するのにも役立つ

仕事が発生して、ゴールを設定してみようと一生懸命考えても、考える材料が少なければ具体的なゴールはイメージできません。ですので、イメージできる範囲でゴールを仮で設定して、第1段階の業務の細分化を行います。その業務の細分化で抽出したタスクを実行する中から、再度ゴールを具体的にイメージしてみます。そうすると、最初に仮で設定したゴールよりは、より具体的に設定できてくるものです。

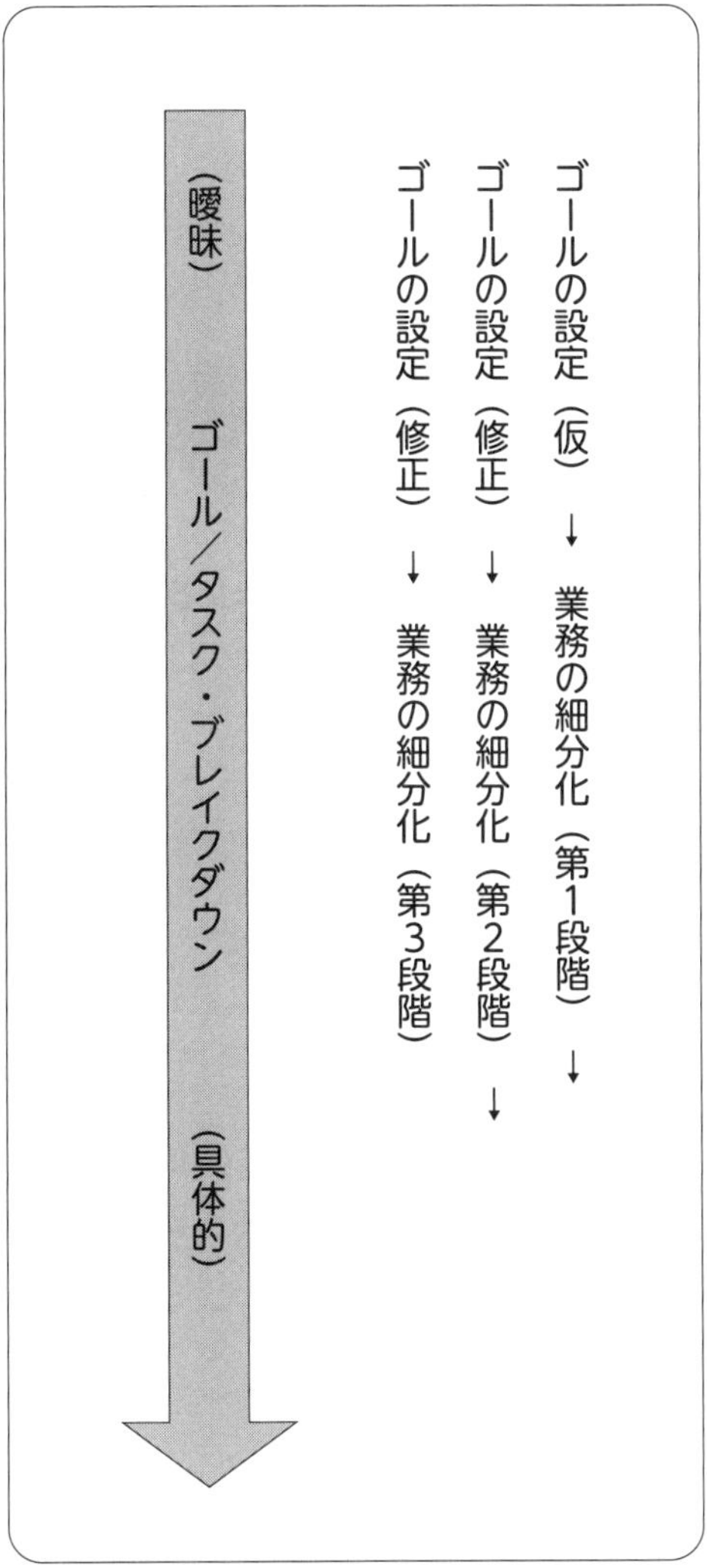
ゴールの設定（仮）↓業務の細分化（第1段階）↓
ゴールの設定（修正）↓業務の細分化（第2段階）↓
ゴールの設定（修正）↓業務の細分化（第3段階）
（曖昧）
ゴール／タスク・ブレイクダウン
（具体的）

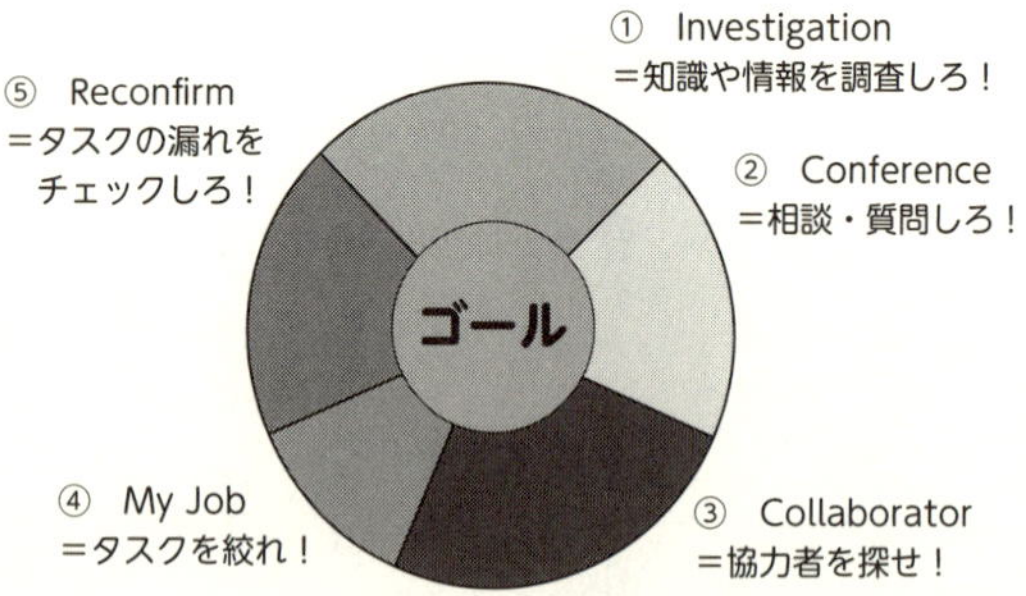
① Investigation
=知識や情報を調査しろ！
② Conference
=相談・質問しろ！
③ Collaborator
=協力者を探せ！
④ My Job
=タスクを絞れ！
⑤ Reconfirm
=タスクの漏れを
チェックしろ！
ゴール

<タスク・ブレイクダウン5つのステップ>
（ICCMR）

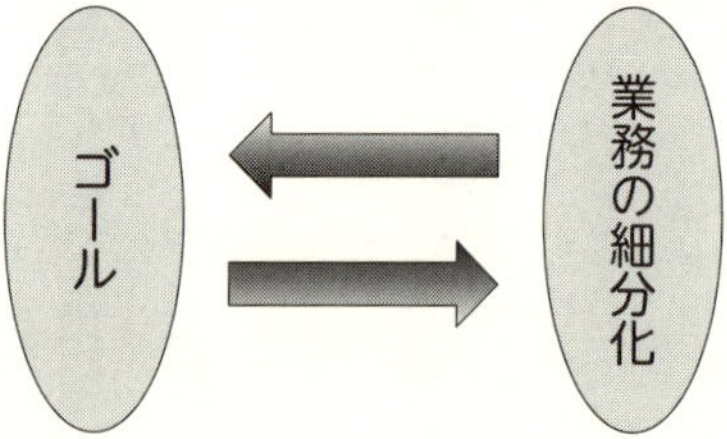
ゴール
業務の細分化

「ゴールの設定」と「業務の細分化」は表裏一体

★ ゴールが曖昧

⇒ 業務の細分化

⇒ より具体的なゴール

3．たくさんの仕事は、こうして優先順位をつけろ

日々こなしている仕事は1つだけとは限りません。いろいろなことを併行してこなしていることでしょう。それぞれの仕事をタスク・ブレイクダウンすると、実に多くのタスクが生じます。このたくさんのタスクを効率よくさばいていくためには、処理する優先順位を各タスクにつける必要があります。

優先順位のつけ方にはいろいろあります。ここでは基本型と応用型の2つの例を紹介します。まずは基本型で優先順位をつける際の基本的な視点や考え方を身につけ、慣れてきたら応用型で機械的に優先順位をつける練習をしてみてください。

①基本型…重要度×緊急度のマトリックス

優先順位を考える際の大きな軸は、「重要度」と「緊急度」の2つです。例えばこの2つの軸をそれぞれ3段階に分けると、次頁の図のように9つのウエイトづけができます。

重要度　高い

重要度＼緊急度	3	2	1
Ⅰ	Ⅰ-3	Ⅰ-2	Ⅰ-1
Ⅱ	Ⅱ-3	Ⅱ-2	Ⅱ-1
Ⅲ	Ⅲ-3	Ⅲ-2	Ⅲ-1

緊急度　高い

＜重要度・緊急度の考え方＞

重要度　Ⅰ　他者または自分の組織の損失になるもの
重要度　Ⅱ　他者または自社の利益になるもの
重要度　Ⅲ　Ⅰ、Ⅱ以外や、定型タスクなど

緊急度　1　すぐに処理しないと損失が大きなもの
緊急度　2　当日中に処理しなければいけないもの
緊急度　3　数日中に処理すればいいなど時間的猶予のあるもの

※これは一例です。ほかの視点や考え方で基準を設定してもかまいません。一定の同じ基準で各タスクを振り分けていくことが重要です。

＜優先順位の高い順番＞

優先順位　【A】　Ⅰ－1
優先順位　【B】　Ⅰ－2　Ⅱ－1
優先順位　【C】　Ⅰ－3　Ⅲ－1
優先順位　【D】　Ⅱ－2
優先順位　【E】　Ⅱ－3　Ⅲ－2
優先順位　【F】　Ⅲ－3

この場合において、重要度と緊急度のそれぞれの段階の掛け合わせによって、優先順位は【A】～【F】の6つに分けることができます。この図表に照らし合わせて、今持っているタスクを機械的に振り分けて優先順位をつけていくのが、最もシンプルな優先順位づけの考え方です。このとき、【A】～【F】の振り分け方は、次のステップで行います。

ステップ①タスクに重要度Ⅰ、Ⅱ、Ⅲを割り振る
ステップ②タスクに緊急度1、2、3を割り振る
ステップ③割り振った数字から、マトリックスに当てはめ【A】～【F】をつける
ステップ④つけた優先順位の妥当性を確認する
ステップ⑤最終的な優先順位を確定して実行する

各ステップを少し補足しておきましょう。
ステップ①で各タスクに重要度Ⅰ、Ⅱ、Ⅲを割り振る際の基準は、ゴール設定の内容そのもので判断します。わからずに迷ってしまったときには、一度自分なりの考え方や

基準で割り振り、先輩や上司、お客さまなどに必ず確認してください。

ステップ②の緊急度の割り振りは、自分がそのタスクを実行しないとほかの仕事を止めてしまうなど影響が大きいもの、納期が決められているものなど、時間的な制約があるかどうかでつけていきます。わからなくて迷ったときには、これもステップ①と同様に、一度自分なりの考え方で割り振り、先輩や上司、お客さまなどに必ず確認して決めてください。

ステップ③は、ステップ①とステップ②から、「優先順位の高い順番」に照らし合わせて決めます。

ステップ④は、つけた優先順位が、会社や組織、お客さま、そのときの状況に合った優先順位になっているか、その妥当性を確認することです。ステップ①やステップ②で先輩や上司、お客さまに確認している場合もあるでしょうが、はじめての場合や、または慣れていない仕事のときには必ず確認するようにします。

ステップ⑤は、ステップ④までに基づいて1か月、1週間、1日のスケジュールに落とし込み、実行していくだけです。

②応用型…プライオリティ（P）のRIAMCP

応用型の考え方は、基本型がベースとなっています。ここでは、応用型の基準の一例を紹介します。

●プライオリティのRIAMCP

P①他者に依頼するタスク（Request）
P②結果が他者に影響するタスク（Influence）
P③他者から依頼されたタスク（to be Asked）
P④自分が行うべきタスク（My Job）
P⑤何かと一緒に併行処理できるタスク（Concurrent）
P⑥ちょっとした空き時間でも処理できるタスク（Piece）

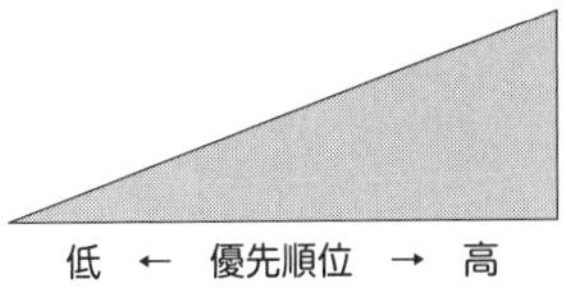

この「プライオリティのRIAMCP」を1つの基準として優先順位をつけていきま

す。Pは（Priority）の頭文字、①〜⑥はそのまま優先順位を表しています。

P①他者に依頼するタスク（Request）

他者に依頼するタスクは最優先に処理することを考えましょう。人は自分が思っているようなタイミングで、また期待した内容ではなかなか動いてくれないものです。依頼してから実際にやってもらうまでは、ある程度の時間的余裕をみておくことが大切です。

また、仕事とはいえ、相手の時間を割いて処理してもらうことになります。相手が受けやすい時間や、準備に取りかかる時間的猶予も考えて、できるだけ早目に処理しておきたいことから、①と設定しました。これに該当するタスクをまずは抽出します。

P②結果が他者に影響するタスク（Influence）

クレーム処理などでのタスク、自分のタスクの結果が後処理に時間的・質的に大きな影響を与えるタスクなどがこれに該当します。影響度を考えるときには、お客さま（外部の人）、自社、自分の所属している部署、自分の順番でその影響度を考えてみましょう。

このときのポイントは、**処理が遅れた場合に発生するかもしれない損害や損失の度合いを考えることです。**

P③他者から依頼されたタスク（to be Asked）

他者から依頼されたタスクには必ず納期があります。依頼されていなくても、通常は自分が処理するタスクの中には提出期限などがあるものもあります。そのようなタスクをここに分類します。言い換えれば、納期や提出期限があるものがここに分類され、納期や提出期限までの時間的な兼ね合いで、場合によってはP①やP②に優先順位が上がる場合もあるタスクです。例えば、納期まで10日も余裕がある場合にはP③になります。しかし、仮にこのタスクを納期まで残り1日となっても処理していないなら、次のような優先順位の変動が起きます。

（P①　↑　P③）本来自分がすべきタスクを誰かに依頼しなければ終わらない場合
（P②　↑　P③）納期に間に合わないと他者に大きな影響が出る場合
状況に合わせて優先順位も変化させるのがポイントです。

P④自分が行うべきタスク（My Job）

業務の細分化ステップ④のタスクをここに分類します。タスクの内容によって処理時間などが違いますが、ある程度まとまった時間を要するタスクが多いものです。1日のスケジュールには必ず組み込み、確実に処理していきたいタスクです。

P⑤何かと一緒に併行処理できるタスク（Concurrent）

これは、ほかのタスクと一緒に、または併行して同時に処理できるタスクです。

・メール処理、電話連絡など、同じ時間帯で処理が一緒にできる似通ったタスク
・依頼先が同じタスク

などがあります。タスクに優先順位をつけようとするときには二度手間、三度手間にならないように、ほかのタスクと一緒に処理できるものはないか探してみましょう。仕事をまとめるだけでも効率は上がります。

Ｐ⑥ちょっとした空き時間でも処理できるタスク（Piece）

まとまった時間を取らなくても、ちょっとした空き時間で処理可能なタスクをここに分類します。時間としては、30分以内程度で処理できるタスクです。前章で簡単に紹介しましたが、ポイントは業務を細分化したときの各タスクの大きさが、ある程度細かな処理時間にタスク・ブレイクダウンされていることです。タスクをすべて1時間単位で細分化していると、ちょっとした時間を活用することは難しいものです。タスクの内容にもよりますが、最初のうちは、15分前後から30分くらいで細分化するように意識してみてください。またタスクを細かく細分化できると、ちょっとした時間で処理していくことができ、大きな仕事をゴールに導くことも可能なのです。優先順位は低いタスクでも、仕事の効率化のためにはＰ⑥タスクをどれだけ持てているかが大きな鍵となってきます。

さて、ここまで解説した「ゴールの設定から優先順位づけ」までについては、「どのくらい時間をかければいいのか？」という質問を受けることがあります。ご参考までに、次のような感じです。

「ゴールの設定」～「業務の細分化」まで…およそ30分程度
「優先順位づけ」…およそ15～30分程度

仕事に取りかかる前の準備段階ですので、あまり時間をかけ過ぎないことを意識します。わからない、迷ったときなどは、「業務の細分化」のステップ①「知識や情報を調査しろ！」、ステップ②「知っている人に相談・質問しろ！」の2点で先に進みましょう。

＜基本型：重要度 × 緊急度のマトリックス＞

重要度　高い

Ⅰ	Ⅰ-3	Ⅰ-2	Ⅰ-1
Ⅱ	Ⅱ-3	Ⅱ-2	Ⅱ-1
Ⅲ	Ⅲ-3	Ⅲ-2	Ⅲ-1
	3	2	1

緊急度　高い

＜優先順位の高い順番＞
優先順位【A】Ⅰ-1
優先順位【B】Ⅰ-2　Ⅱ-1
優先順位【C】Ⅰ-3　Ⅲ-1
優先順位【D】Ⅱ-2
優先順位【E】Ⅱ-3　Ⅲ-2
優先順位【F】Ⅲ-3

＜応用型：プライオリティのＲＩAMCＰ＞

P①　他者に依頼するタスク (Request)
P②　結果が他者に影響するタスク (Influence)
P③　他者から依頼されたタスク (to be Asked)
P④　自分が行うべきタスク (My Job)
P⑤　一緒に併行処理できるタスク (Concurrent)
P⑥　隙間時間で処理できるタスク (Piece)

※P＝Priority。数値は優先順位を表す。

4. スケジュールの立て方には大原則がある

ゴールを設定して、業務の細分化(タスク・ブレイクダウン)、優先順位づけができたら、各タスクが確実に実行できるように、効率のよいスケジュールに落とし込む必要があります。

最初に意識しておいていただきたいのは、

スケジュールは状況の変化に影響を受け、常に修正が必要であるということです。一度決めたスケジュールに固執すると、思うように仕事は進みませんし、ストレスも溜まってしまいます。

スケジュールは、状況に合わせて常に見直すものであると最初から意識しておくと、急な仕事の発生やトラブルによるタスクの優先順位づけの変更が必要になっても、少しは気持ちがラクになることでしょう。

さて、各タスクに優先順位をつけ、スケジュール化するには原則があります。

●スケジュール化の６原則
①１か月　↓　１週間　↓　１日などと、ゴールから遡って組む
②組む期間単位内で行おうとしているタスクすべてを書き出す
③タスク単位で時間帯にはめ込む（イベント単位ではない）
④人に依頼するタスクは、午前・午後の最初に固める
⑤処理方法が類似した（併行処理可能な）タスクは、早い時間帯で一気に処理する
⑥急に空いた隙間時間に入れられるタスクは何か、把握しておく

①１か月　↓　１週間　↓　１日などと、ゴールから遡って組む
ゴールの最終納期から逆算して、各タスクを処理する妥当な時期を考えます。直近だけを見て仕事をしていると、結果として納期に間に合わないリスクが生じるのです。最終納期から逆算してタスクを処理する時期を決めておかないと、日々忙しい中、大事な

タスクがどんどん後回しになってしまい、気がついたら何もできていないまま納期を迎えてしまいます。逆算して遡る習慣をつけましょう。

②組む期間単位内で行おうとしているタスクすべてを書き出す

1か月間、1週間、1日と遡ってタスクの処理する時期を割り振っていくと、それぞれの期間内に処理すべきタスクが見えてきます。それぞれのタスクはｔｏ ｄｏリスト（やるべきことリスト）などに、月または週単位で管理しておくとわかりやすくなります。書き出して管理することで、タスク処理の漏れを防ぐことができます。

③タスク単位で時間帯にはめ込む（イベント単位ではない）

スケジュールを組む際に皆さんが陥りやすい一番の例が、予定表にイベントのみを書き入れていることです。何度も経験している、慣れている仕事であればかまいません。しかし初めて取り組む、慣れていない仕事などは、処理時間が計算できないものです。また、イベント単位で考えると、どうしても大きな時間単位で大きなタスクを処理するイメージしかできないものです。忙しい中で、まとまった時間を取ることは難しいものです。しかし、30分や1時間単位でのタスクであれば、急な変更が発生しても対応しやすいのです。

ですので、イベントではなく、業務の細分化で抽出したタスク単位でスケジュールを組むことを忘れないでください。

④人に依頼するタスクは、午前・午後の最初に固める

誰かに物事を頼もうとしたとき、相手が捕まらないということはよくあることです。そうすると、もう一度相手に声をかけるなど二度手間になります。できることならば、事前に電話やメールで依頼する時間を約束するほうが無難です。事前に約束が取れない場合は、午前なら9時から10時、午後なら13時から14時に依頼するようにしましょう。この時間帯は、予定が入っていない限りは、自分の職場にいる可能性が高い時間帯だからです。

⑤処理方法が類似した（併行処理可能な）タスクは、早い時間帯で一気に処理する

優先順位づけでP⑤（69頁）に分類したタスクで簡単なものは、早い時間帯に一気に処理するようにします。まとめて簡単にできるものは、早めに処理しておくに限ります。

⑥急に空いた隙間時間に入れられるタスクは何か、把握しておく

スケジュールを細かく組んでいたとしても、各タスクの時間のかかり具合が想定と異なったり、トラブルなどで思うようにいかないことも多いものです。時には、ちょっとした時間が空くこともあります。そのときに、何もせずに時間を無駄にするのはもったいないことです。P⑥に分類したタスクや、ちょっとした時間でできるものを1つでも埋め込めると、少しずつですが仕事の効率は上がっていきます。資料を確認する、メールの返信や電話の用件を済ませる、など短い時間でできるタスクを把握しておくことが大切です。

<スケジュール化の６原則>

①スケジュールはゴールから遡って組む
⇒１か月→１週間→１日と、ゴールの納期から逆算して各タスクの処理時期を設定する

②タスクはすべて書き出す
⇒組む期間単位内で行おうとしているタスクはすべて書き出し、to do リストなどで管理する

③「タスク単位」で時間帯にはめ込む
⇒可能な限り小さなタスク単位で組むと、
大きな時間を確保しなくてもゴールに近づける
（イベント単位ではない）

④依頼するタスクは、午前・午後の最初に固める
⇒相手を捕まえやすい時間帯を意識して、
まとめて依頼する

⑤併行処理可能なタスクは、早い時間帯で処理する
⇒併行処理でも特に簡単なタスクは、
まとめて一気に処理する

⑥隙間時間に処理可能なタスクを把握しておく
⇒空いた時間を有効に活用するために、
短い時間内に処理できるタスクを意識しておく

5. 自分の仕事には協力者を必ず巻き込め

組織の中で仕事をしていても、また独立して独りで仕事をしていても、自分だけで仕事が成り立っているわけではありません。外部であればお客さまや取引先、社内であれば上司や先輩、同僚、他部署の人など、実に多くの人とお互いに影響をし合いながら仕事をしているものです。多くの人たちと関連して仕事をしている状況だからこそ、自分の仕事には必ず協力者を巻き込んでおくことが重要です。協力者を巻き込むメリットは、

自分の仕事をしやすい環境をつくる

この1点です。ですので、新入社員や異動したばかりの人などは、特に意識してほしい項目の1つです。「協力者を必ず巻き込む」ことは、何も特別なことをするわけではありません。組織や社会に既に存在している仕組み、

報告・連絡・相談をしかるべき相手に対して、適切なタイミングで行うことなのです。

まず、自分の仕事に対する協力者が誰なのかを探し出します。

●協力者を探し出し、2つに分ける3つのステップ
ステップ①その仕事に関係する人物をすべて洗い出す
ステップ②洗い出した中で、決定権を持っている人や影響力の大きい人に注目する
ステップ③洗い出した人を、一次協力者と二次協力者に分ける

この中で、ステップ③の一次協力者と二次協力者の違いを補足しておきましょう。

鍵はステップ②の決定権の有無や影響力の大きさによって、2つに分けます。決定権のある人や影響力が大きい人を一次協力者、それ以外で無視できない（邪魔をされたくない）人たちを二次協力者とします。一次協力者は社内であれば、

・直属の上司
・関連部署の担当者（または責任者）

社外であれば、

・意思決定ができる人

・または決定権のある人に影響を与えられる人などがあげられます。次に、一次協力者、二次協力者に対して、自分は、
・何を期待するのか
・どんな協力を得たいのか
を具体的かつ明確にしておきます（この際にも、ゴールの設定、業務の細分化の手法を使うと容易にできます）。それぞれの協力者に対して、どのタイミングでどう関わっておくと、自分の仕事がしやすくなるのかを具体的に考えます。

協力者が明確になったら、あとは報連相を適切に行うことで協力体制を築くのです。

ここでは、報告と相談のポイントを整理しておきましょう。

●報告のポイント
・事実に基づいて、**結論を先に**報告する
・**経過や結果を**報告する
・事が起きたとき、終了したなどのときには、速やかに報告する

○事実に基づいて、結論を先に報告する

　このとき注意すべきは、事実と自分の考えを分けて時系列に沿って報告することです。事実と推論が混じると現状が見えにくくなります。現状が見えにくくなると、協力者が状況を把握できなくなるので、結果として期待する協力が得られないことになってしまいます。

○経過や結果を報告する

　当たり前のことなのですが、これができていない人がとても多いようです。特にトラブルの発生や予定通りに行きそうにないなどの悪い情報は、すぐに報告することが大切です。情報を報告しておけば早い段階での支援を望むことができるのです。指示や依頼されたことを終了したときも、完了報告を忘れてはいけません。

○事が起きたとき、終了したなどのときには、速やかに報告する

　基本は相手から聞かれる前に報告することです。

・仕事が終了したとき
・何か今までとは異なる変化が生じたとき
・何かしら共有する情報を得たとき

このようなときには、一次協力者にはすぐに報告をしておきましょう。二次協力者にも、必要な内容に限定して、適切なタイミングを見計らって報告することが大切です。

●相談のポイント
・**事前に状況等を報告していること**が必要
・自分の考えなどは、事前に整理しておき、書き出しておく
・相手の相談しやすい時間を見計らって相談する

○事前に状況等を報告していることが必要

相談して適切なアドバイスや協力を得るには、相手に状況を把握・理解してもらうこ

とが必要です。そのためにも、報告は欠かさずしておきます。

◯自分の考えなどは、事前に整理しておき、書き出しておく

自分の考えがまとまっていないのに相談に行っても、お互いに時間の無駄になってしまいます。仕事や業務等で自分がわからないこと、理解できないこと、迷っていることなどを事前に紙に書き出しておけば、自分の頭の中も整理ができ、また協力者にもあなたが何を求めているのかが明確に伝わるので、適切な協力を得やすくなります。

◯相手の相談しやすい時間を見計らって相談する

相談には時間がかかる場合が多いものです。相談する相手が受けやすい時期等を見計らっておきましょう。事前に日時や時間などの約束がもらえると、なお望ましいです。

１人で抱えていても問題は解決しないものです。30分考えてもわからないようであれば、勇気を出して協力者に相談をしてみましょう。

＜報告のポイント＞

○　**事実に基づいて、結論を先に報告する**

⇒　事実と自分の考えや推論は明確に分けて、
　　時系列に報告する

○　**経過や結果を報告する**

⇒　悪い出来事を報告することは必須
　　完了報告も忘れないこと

○　**事が起きたときなどは、速やかに報告する**

⇒　仕事が終了したとき、変化が生じたとき、
　　共有する情報を得たときなど

＜相談のポイント＞

○　**事前に状況等を報告していることが前提条件**

⇒　定期的に状況を報告する

○　**考えなどは、事前に整理し書き出しておくこと**

⇒　わからないこと、できないこと、迷っていることなどを紙に書き出し共有できるようにする

○　**相手の相談しやすい状況を見計らう**

⇒　あらかじめ日時や必要時間を約束するなどして、相手がある程度の余裕を持って相談できる配慮をする

6．仕事の進め方を定期的に見直せ（マネジメント・サイクル　ＰＤＣＡ）

一生懸命に仕事に取り組めば取り組むほど、自分の仕事のやり方は固定化されてしまうものです。もちろん、次のようなメリットもあります。

・仕事がある程度効率的に処理される
・ある一定の品質が確保できる

しかし、本当にそのやり方が自分にとって、またお客さまや組織にとって、期待感を十分に満たしているものになっているかはわからないものです。また環境も日々大きく変化している状況では、仕事のやり方自体も常に見直すことが必要なのです。

仕事をするときの基本的な考え方に「マネジメント・サイクル」というものがあります。これは**一定のサイクルを回すことによって、ゴールに確実に到達するために、一度計画したやり方を常に見直し修正して行動していこうとする**ものです。

このマネジメント・サイクルは、４つの要素によって成り立っています。

マネジメント・サイクル

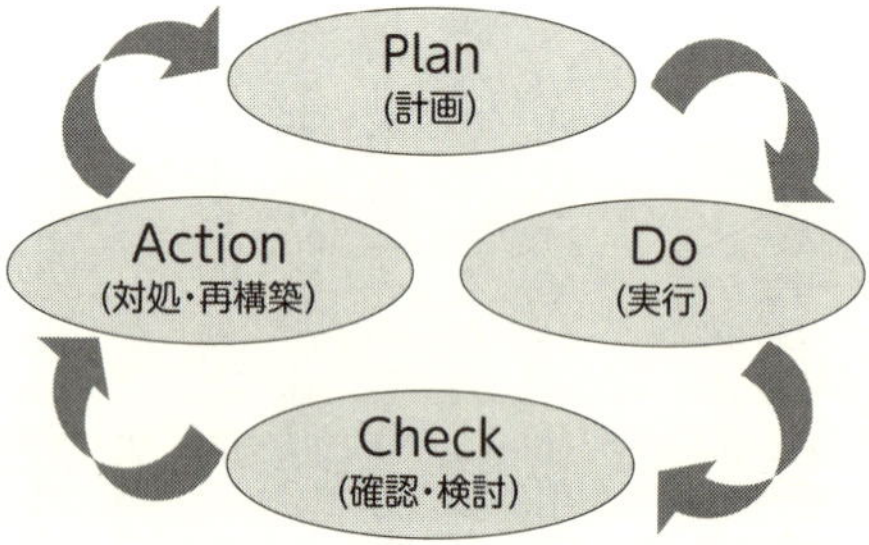

【P…計画（Plan）】

ゴールを設定→業務の細分化→優先順位づけ→スケジュール化を行い、全体の計画を立てます。これは、仕事単位、1日のスケジュール単位など、あらゆる単位で計画することができるので、このマネジメント・サイクルはあらゆる仕事に用いられるのです。

【D…実行（Do）】

ここでは、Pで立てた計画に基づき、実際に行動する段階です。このDでは、報告・連絡・相談が欠かせません。

【C…確認・検討（Check）】

Dで実行してみると、

・予定通り進むタスク

・状況の変化や見通しの甘さなどから、全然思い通りに進まないタスク

などがわかってきます。ゴールとの整合性も含めて、その結果の善し悪しがなぜ起きているのか、原因（成功要因と失敗要因）を分析し検討するのが、この「C…確認・検討」です。

【A…対処・再構築（Action）】

Cで確認・検討した項目について、

・継続するタスク

・見直してやり方を改善・修正・変更するタスク

を整理し、タスクの質や内容の妥当性を評価します。そして、またPで再計画して、D↓C↓Aと、ゴールに辿り着くまでPDCAサイクルを何度も回して仕事をしていくのです。このマネジメント・サイクルをスキル化して回すことで、仕事を進めながらも、仕事の進め方自体もつねに評価し見直すことができ、環境の変化に順応させていくことができます。

マネジメント・サイクル

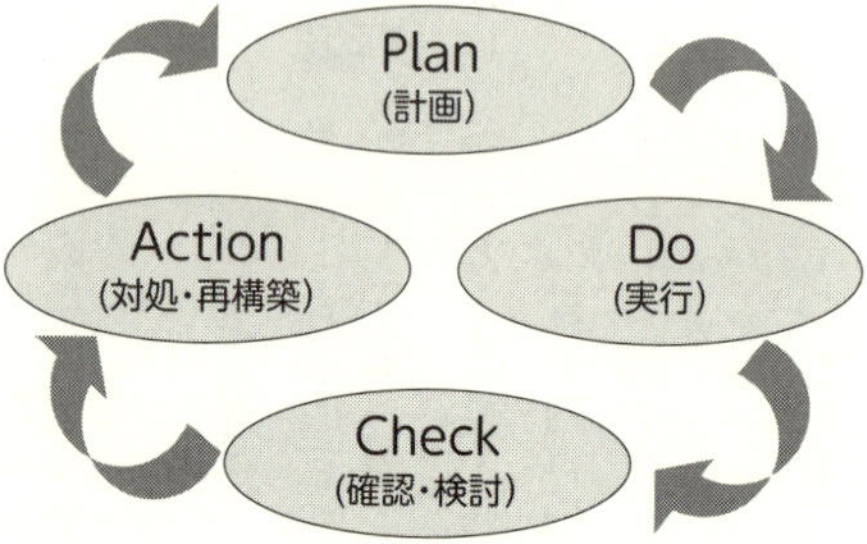

【P…計画（Plan)】

ゴールを設定　→　業務の細分化　→
優先順位づけ　⇒　全体の計画策定
（スケジュール化）

【D…実行（Do)】

Pで策定した計画の各タスクの実行
⇒　協力者への報連相

【C…確認・検討（Check)】

ゴールとの整合性確認
⇒　継続タスクと見直しタスクの分析検討

【A…対処・再構築（Action)】

見直しタスクの改善策・修正策を検討
⇒　タスク（質・内容）の妥当性評価による再計画化

7．思ったように仕事が進まないときには逃げ道を探せ

ここまで、スケジュール化しマネジメント・サイクルで常にやり方を見直しながら仕事を進めていく方法を見てきました。ゴール設定や業務の細分化、優先順位づけに慣れてきて、理想的なスケジュールを立てられるようになっても、

・思うように事が進まない
・トラブルに巻き込まれてしまう

ということなどに時として遭遇してしまうものです。ここではそんなときに、どのように考えて切り抜けていけばいいのか、その手法を見ていきます。

トラブルはさまざまなことが原因で起きるものです。人のやり方などに起因するもの（ヒューマンエラー）や、自然災害や事故に巻き込まれるなど、事前に準備しきれないものまでさまざまです。すべてのことに備えて仕事ができていればいいのですが、日々の仕事も忙しいのに、そこまで手が回らないというのが多くの人の現実かもしれません。

そこで、何かトラブルが発生したときには、次の視点で対処できないかを検討することが必要です。

●トラブル発生時における対処法検討の5つの視点
①対応可能な範囲を明確に伝えて、その範囲で一時的に納得してもらう
②納期を延ばしてもらうか、分割で納品することで納得してもらう
③替わりの物やツールで、一時的に代用してもらうことで納得してもらう
④ペナルティを受け入れて許してもらう
⑤最悪は、謝罪してその仕事から解放してもらう
※いずれも相手との交渉や確認が必要不可欠

①から⑤の順に、影響が大きなものになっています。実際には状況や場面に合わせた対応が求められるのがトラブルです。しかし対処する際に自分はどこまで対応や譲歩が

可能なのかを明確にしておくことで、ある程度の対応策はとれますし、精神的にも少しはラクになるものです。新入社員など自分で決める権限がない場合は、対応策を考えず、すぐに上司に判断や対応を仰いでください。もし「自分でも考えろ」と言われたら、この視点を参考にして対応していただきたいと思います。いずれにしろ協力者（特に一次協力者）も巻き込んで、一緒に対応することを忘れないでください。

①対応可能な範囲を明確に伝えて、その範囲で一時的に納得してもらう

その時点における対応可能な範囲（質や量、時間など）を、自分自身で明確にします。何がどこまでできるのか、その範囲で一時的でも問題が回避できないか相談します。

②納期を延ばしてもらうか、分割で納品することで納得してもらう

当初約束した納期を延期してもらうか、当初約束した内容を分割して納品できないかをベースに対処するものです。対応可能な範囲を事前に把握しておくことが必要です。

③替わりの物やツールで、一時的に代用してもらうことで納得してもらう

代替品や替わりの人で対応させてもらうことで対処する方法です。代替で対応が可能な場合には、一時的な対応で後日フォローが必要なのか、代替で終了可能なのかを確認しておく必要があります。

④ペナルティを受け入れて許してもらう

金銭的な代償や、時間などサービス的な代償を受け入れて、トラブルの状況を許してもらう対処の仕方です。組織で働いている以上は、金銭的でも時間やサービスでも勝手に個人で判断して対処することはできません。この④に関しては上司の判断を確認します。もしあなたが決定権を持っていて、この④を選ぶ場合には、影響のある関係部署等への事前報告・相談などの根回しも忘れてはいけません。

⑤最悪は、謝罪してその仕事から解放してもらう

最終判断として、その対応を止めてしまうことも選択肢には入れておくことが大事で

す。その判断基準は、

・問題への対応を止めてしまっても、影響が少ない場合
・対応を続けていくと自分の心身が害され、病気になってしまう危険性のある場合

といえます。

影響が少ない場合といっても、信用を失うというリスクは伴います。また、精神的・肉体的にダメージが大きく、このまま続くと脳疾患や精神疾患などのおそれがあるときには、速やかにこの問題から降りることも選択肢に入れてほしいのです。心身ともに健康であればやり直しは可能です。しかし、いったん病気になってしまうと、まずは心身の回復を図らなくてはいけないため、個人への損失は多大なものになってしまいます。責任感が強いのも大切ですが、その責任感を自分の身体や心、命にもぜひとも向けてください。

〈トラブル時における対処法検討の５つの視点〉

①対応可能な範囲で一時的に納得してもらう

⇒対応可能な時間数や納品物の質や量などを事前に明確にして、その範囲で承諾可能かを探る

②納期の延長、分割納品などで納得してもらう

⇒こちら側の必要納期や、分割で納品できる時期を明確にして交渉する

③代替品・サービスで納得してもらう

⇒その対策が一時的に納得してもらえるのか、代替で完了なのかの確認が必要

④ペナルティを受け入れて許してもらう

⇒金銭的な代償や、時間・サービス・品物等の無償提供などで交渉

※自社内の意思決定権者、その他関係者への事前確認が必要不可欠

⑤謝罪してその仕事から解放してもらう

⇒影響が少ない場合、心身が疾患する危険性のある場合などに選択して交渉

※仕事に対するのと同等の責任感を自分の心身にも向け、心身や命を大切に守ることが大事

8．失敗したとき、人はその後どのようにリカバリーしたかを評価する

ここ数年、新入社員や若手の研修を担当していると、次のような傾向が強くなっている感じがします（あくまでも主観ではありますが…）。

・人と衝突するのをおそれて、本音での意見交換を避ける傾向がある
・何か討議をしていても、表面的にきれいにまとめあげるものの思考が浅い
・積極的に意見を述べようとはしないが、認められたい思いが強い

実際に彼ら彼女らと話をしてみると、心の奥には、

失敗が怖い、一度失敗したら終わりかもしれない

という心理が隠れているようです。人間ですから誰しも失敗はしたくないものです。しかし、失敗を経験せずに生きていくことは、おそらく不可能ではないでしょうか？　失敗をおそれる心理は、

失敗をすると、自分の評価が下がってしまう

という心理に結びついています。完璧で良い子でありたいという思いの現れかもしれま

せん。

私は企業の人事担当者や経営者とともに人事制度を構築するコンサルティングも行っています。また、管理職が部下を公正に評価できるための考課者訓練という研修などもしています。人事担当者や管理職と話していると、よほどのことがない限り、

多少失敗したからといって評価には大きく影響しない

という認識を多くの人が持っていることがわかります。

人を評価するときには、いろいろな観点から総合的に評価を行います。また、その評価はある一定の期間や時点を切り取ったものにすぎません。法令違反などよほどのことでもない限り、1回の失敗がその後の会社や組織人生にずっと影響し続けることは少ないものなのです（残念ながら、組織によっては大きく影響するところもないわけではありませんが…）。

では、人事担当者や管理職は、何を見ているのでしょうか？　それは、

失敗から何を学び、その失敗にどのように対応して改善・克服したか

ということなのです。

これは何も組織内の評価だけに留まりません。消費者の立場で考えてみるとわかりやすいかもしれません。

例えば、レストランに行ったとします。そのときあなたの注文した料理が、オーダーをしてから30分過ぎても運ばれてきません。あなたは店員にその状況を伝えたとします。その店員は、まずあなたに謝罪をし、すぐに対応して料理が運ばれてきたとします。その際に注文していないサービスのドリンクと小皿がついてきました。さらにお会計も半額にしてくれたとしたら、あなたはこのお店や店員にどのような感情を持ちますか？

人によって感じ方や反応はさまざまだと思いますが、少なくとも嫌な印象は薄らいでいる人が多いのではないでしょうか？　人によってはこの店や店員に好感を持ち、その後通ってしまうかもしれません（あっ、これは私です。実際に体験した話を紹介しました）。

このように、何か問題が起きても、

その問題に対して、真摯にどのようにリカバリーしたのか

が、相手に対する印象には大きく影響するのです。

また、失敗したからこそ得られる経験や、人とのつながりなどもあるものです。失敗という機会を上手に利用すれば、自分が成長していくのです。

失敗をおそれている新人や若手の皆さん、自分を信じて、自分の成長を信じて、失敗をおそれずにいろいろとチャレンジしてみてください。失敗しても笑って許してもらえるのは、入社してから数年なのですから…。

〈失敗したときに人は何を見ているのか？〉

『その後、どのようにリカバリーしたのか』
会社や組織内におけるリカバリーとは？

○　素直な気持ちでの謝罪
○　すぐに失敗に対処する
　⇒迷惑をかけた相手の気持ちに配慮した対応
○　失敗を繰り返さない努力や改善の検討
　⇒ＰＤＣＡで失敗が起きた問題点を分析し、
　　問題が継続的に改善する対策を実行する
○　都度、実行状況などの速やかな報連相

※コンプライアンスなど重大な失敗を犯していないことが前提です。

9．自分を成長させる方法もタスク・マネジメントで

ＢＳＳ（ビジネス・サバイバル・スキル）の最後は、自分の能力をどのように伸ばしていくのかについて触れておきます。

仕事を１つひとつ覚えてくると、周りが少しずつ見えてきます。そうすると、「こんなことができるようになりたい」、「＊＊先輩のようになりたい」など、仕事に対する成長意欲も出てきたりするものです。こんなとき、どのように効率よく自分を成長させていけばいいのでしょうか？

実は、ここまで紹介してきたスキルを活用することができます。用いるスキルは、次の４つです。

①仕事が発生したら、まずはゴールを設定しろ　↓　『ゴールの設定』
②仕事の段取り、業務を細分化する　↓　『業務の細分化』
③たくさんの仕事は、こうして優先順位をつけろ　↓　『優先順位づけＰ⑤・Ｐ⑥』
④スケジュールの立て方には大原則がある　↓　『スケジュール化の６原則』

この４つのスキルを使って、自分が成長するための行動計画を作って実行していきます。成長のための行動計画は次のように作成します。

①ゴールの設定

到達したい目標や、自分が目指す「なりたい姿」を、より具体的に想像します。例えば「何か資格を取りたい」と思ったとしましょう。ただ「資格を取る」だけではゴールの設定としては不十分ですよね。資格を取って、どのようなことが、どのようにできるようになっていたいのか、できるだけ多くの視点から具体的にイメージするのです。

②業務の細分化

ゴールを明確に設定することができたら、今度は、ゴールに辿り着くために、どういう知識や経験が必要か、どのように勉強していけばいいのか、途中で挫折してしまわないように誰に協力してもらうのかなど、具体的な手段や方法（タスク）を考えます。このときには業務の細分化（タスク・ブレイクダウン）をして各タスクを洗い出していきます。仕事の段取りと同様、ＩＣＣＭＲ（56頁）の視点で考えていきます。このときのポイントは一度、業務の細分化で自分の成長する手段や方法などの各タスクを洗い出し、ステップ①知識や情報を収集し、ステップ②知っている人などに相談や質問をしたら、もう一度、目標の設定を具体的にイメージし直します。これを数回繰り返していくと、目標もより具体的に設定することができてきます。その後に再度、業務の細分化をしていけば、さらに確実な各タスクを洗い出すことができるのです。

【ゴールの設定】 ⇔ 【業務の細分化（タスク・ブレイクダウン）】

③優先順位づけ…Ｐ⑤・Ｐ⑥

自分の理想の姿に到達するための各タスク（手段や方法）がより具体的になったら、これらを忙しい毎日で実行していけるように工夫しなければいけません。このとき参考になるのが、Ｐ⑤（Concurrent）何かと一緒に併行して行えるタスク、Ｐ⑥（Piece）ちょっとした空き時間でも処理できるタスクの視点です。

Ｐ⑤の例であれば、「仕事の合間に、既に資格を取得した先輩にわからないことなどを質問する」などがあります。Ｐ⑥の例では、資格取得の手段として通信教育のテキストAを読み込むとします。テキスト全体を15～30分程度で読める量に分割してタスクを設定します。テキスト1頁から20頁（タスクａ１）、テキスト21頁から40頁（タスクａ２）…、テキスト＊＊頁から＊＊頁（タスクａ10）などのように細分化します。仕事の合間や通勤などの移動中に、この細かく分けたタスクを少しずつ実行していけば、時間を上手に使って資格取得というゴールに向って努力を続けていくことができるのです。

④スケジュール化の６原則

仕事の合間や通勤などの移動中にタスクをスケジュールとして組み込むには、スケジュール化の原則を利用します。中でも、

・１か月　↓　１週間　↓　１日などと、ゴールから遡って組む
・タスク単位で時間帯にはめ込む（イベント単位ではない）
・急に空いた隙間時間に入れられるタスクは何か、把握しておく

この3つを参考にスケジュールに落とし込みます。

ゴールに達成したい期日から逆算して1か月、1週間、1日単位で、いつの時期にどのタスクを行うのかをスケジュールに落とし込みます。特に1日のスケジュールの中には、15分や30分の空き時間ができるときがあります。そのときに、細分化した目標達成のためのタスクを1日のスケジュールに組み込みます。

もう少し積極的に細分化したタスクを実行しようとするならば、目標達成のタスクを実行するための時間を、1日の中の15分や30分などをいくつかに分散して時間をつくり出すのです。例えば、会社に行く通勤時間の30分、昼休みにご飯を食べた後の15分、帰宅途中に寄るカフェでの15分、会社から帰る通勤時間の30分など、です。これだけで平日1・5時間の時間をつくり出すことができます。

〈成長のためにＢＳＳを活用する〉
～ Business Survival Skill ～

ステップ①【ゴールの設定】
○　なりたい自分、理想の姿を具体的に想像する

ステップ②【業務の細分化（タスク・ブレイクダウン）】
○　どういう知識や経験が必要か
○　どのように勉強していけばいいのか
○　挫折しないように誰に協力してもらうのか
※この３点をタスク・ブレイクダウンで明確にする。

ステップ③【ゴールの設定】⇔【業務の細分化】
○　目標と手段を精査して、より具体的にする
※ゴールの設定と業務の細分化を何度か繰り返す。

ステップ④【優先順位づけ…Ｐ⑤・Ｐ⑥】
○　ステップ②のタスクのうち、Ｐ⑤（併行処理）、Ｐ⑥（隙間時間）に当てはまるものを探す

ステップ⑤【スケジュール化の６原則】
○　達成したい期日から遡ってタスクを組み込む
○　15 ～ 30 分の時間を活用する
○　15 ～ 30 分の時間をつくり出す

第3章

嫌なことがあったときに、自分の気持ちを保つことができるスキル

～メンタル・タフネス・トレーニング（ＭＴＴ）で心を鍛えろ～

第2章では、「仕事のやり方を自分で見つけ出せるスキル」の具体的な方法を、タスク・マネジメントをもとに、「ビジネス・サバイバル・スキル（Business Survival Skill：BSS）」を紹介してきました。ここまでは〝**仕事をするための基本**〟を学んできました。

もし、人間が感情を持たない動物だとすれば、BSSだけで、十分に仕事をこなしていく基礎的スキルを身につけたといえるでしょう。しかし、日々の仕事や人間関係の中で、誰しもが嫌な思いをする、心が傷ついてしまうことにも遭遇します。

そんなとき、〝**仕事をするための基本**〟であるBSSに加えて、自分で心を能動的に鍛え、〝**自分自身で心を支える基本**〟を身につける方法を心理学の観点から紹介するのが、本章の「嫌なことがあったときに、自分の気持ちを保つことができるスキル」である「メンタル・タフネス・トレーニング（Mental Toughness Training：MTT）」です。

私は経営コンサルタントとして、仕事のやり方で悩んでいる人の相談にのってきました。またあるときは、シニア産業カウンセラーとして、職場で心が傷ついた人の話を聴かせてもらいながら、そこから立ち上がろうと苦しんでいる人のカウンセリングを行ってきました。このコンサルタントとカウンセラーという2つの視点から、仕事をするうえで本当に必要なスキルを考えたとき、今の厳しい社会の中で、辛いながらも自分の人生を生き抜くためには、〝**仕事をするための基本**〟であるBSSと、〝**自分自身で心を支える基本**〟のMTTの両方が働く人には不可欠だと感じたのです。

職場や仕事で生じた悩みや苦しみは人に負のストレスを与えます。そのストレスを抱えたまま誰にも相談できずに独りで頑張り続けてしまうと、身体や心が少しずつ狂いはじめます。それを放ったままにしていると、最終的には何かしらの心の病気（うつ病などの精神疾患）になってしまうおそれさえあるのです。

心の病気になってしまった人の中には、通院などで仕事に集中できずに、それまでできていた仕事さえもできなくなり、治療に専念するために休職しなければならないなど、日々の生活に支障をきたし、ますます苦しむ人も出てきます。そうならないためにも、心をケアする手法や心理学の知識を知り、辛いとき、傷ついたときには活用して自分の心を守ってほしいのです。

その1つの手法として、MTTを紹介させていただきます。

1. 自分の心は自分自身で守るのが大原則

国・地域、会社や組織などが一体となって、働く人々の心の健康を守り育んでいくことの大切さと方法を示したものが、2015年に厚生労働省が出した『労働者の心の健康の保持増進のための指針』です。この中で、メンタルヘルスの基本的な考え方について、次のように記されています。

ストレスの原因になる要因（以下「ストレス要因」という。）は、仕事、職業生活、家庭、地域等に存在している。心の健康づくりは、労働者自身が、ストレスに気づき、これに対処すること（セルフケア）の必要性を認識することが重要である。

『労働者の心の健康の保持増進のための指針』（2015年11月30日）厚生労働省

（傍点は筆者）

これを簡単にいうと、

・自分のストレスに気づいて、それを正しく認識する

・認識したストレスに適切に対処する（セルフケア）

つまり、**自分の心は、まずは自分自身で守りましょう**、ということです。

もちろん個人だけでメンタルヘルスを保持・増進するには限界があるので、この指針の中には、セルフケアの重要性に続いて順に、

・組織や管理職が個人をフォローするラインケア

・会社の人事や総務など専門部署が個人や管理者をフォローする、事業場内産業保健スタッフによるケア

・外部の専門家が、組織をフォローする事業場外資源によるケア

が記され、この3つを合わせて4つのカテゴリー（分類）を総合的かつシステマチックに対応することの必要性が書かれています。

国全体で取り組むことが大切なのですが、メンタルヘルスの基本的な考え方の冒頭にセルフケアが書かれていることからも、受身ではなく能動的に自分自身の心の健康に向き合うことが重要なのです。

考えてみれば身体の健康と一緒ですよね。風邪の例で考えてみましょう。普段の生活

から風邪のひきはじめ、治った後のことを考えると、こんな場面もあるかもしれません。
・日頃風邪をひかないようにマスクをし、うがいや手洗いをする
・熱っぽい、鼻や喉の調子が悪いときには薬を飲む
・症状がさらに悪くなってきたら医者に行く
・風邪が治ったら、必要な栄養や運動などで二度とひかないように予防する
皆さんはいかがですか？　多少違っていたとしても、似たようなことを、それぞれの段階でしているのではないでしょうか？　予防のためにできることをする、症状が出てきたらそれに対処する…。ごく自然のことですよね。
しかし、自分の〝心〟と考えたとき、同じように症状に気づいたり、対処したりしていますか？　自分の心の動きや変化を意識していない人が意外に多いと、カウンセラーをしていて感じます。
心の健康を維持する第一歩は、
自分の心の状態に気づき、**否定しないで認める**ことなのです。風邪の例で考えてみましょう。

・熱っぽい、鼻や喉の調子が悪いときには薬を飲む
・症状がさらに悪くなってきたら医者に行く
このとき、「熱っぽい、鼻や喉の調子が悪い」という症状に気づいたら、「あれ？　風邪をひいたかな？」と、風邪という**病気を意識**しますよね。「症状がさらに悪くなってきたら」、否が応でも「あっ、風邪をひいたみたい」と**病気を認めて**、薬を飲む、医者に行くなどの**対処をしている**はずです。

なぜか、これが心の症状や病気だと、
・症状に気づく
・病気を意識する、認める
・その病気に対処する
という当たり前のことができていない人が多いのです。気持ちは辛かったとしても、なかなか身体の症状として表れにくいのが心の状態です。心の健康を保つためには、
　自分の心の状態に気づき、**否定しないで認める**
これを具体的にいいますと、

・自分の身体に表れているストレスのサインに気づく
・自分の感じている不快な感情（怒り・悲しみ・辛さなど）を素直に感じる
・自分は今ストレスを感じていると素直に認める

ことなのです。自分が疲れている、ストレスを感じているときには、自分の心や身体からどんなサインが出ているか気づいていますか？　どんなことに怒りや悲しみを感じやすいですか？　普段から意識していないと、なかなか気づけないものです。

また、自分の症状や心の状態を受け入れずに否定してしまうと、さらにストレスは高まってしまいます。ですので、自分自身に目を向けて受け入れることがＭＴＴのスタートなのです。

「自分の心は、まずは自分自身で守る」とは？

〈セルフケア〉

○　自分のストレスに気づき、それを正しく認識する
○　認識したストレスに適切に対処する

そのための第１歩は？

☆　自分の心の状態に気づき、否定しないで認める

具体的には何をするの？

○　自分の身体に表れているストレスのサインに気づく
○　自分の感じている不快な感情を素直に感じる（怒り・悲しみ・辛さなど）
○　自分は今ストレスを感じていると素直に認める

2. 自分の偏ったモノの見方・考え方に気づき、受け入れる

人は生きていく中でたくさんの人に出会い、いろいろなことを経験し、さまざまな価値観に触れていきます。その出会いや経験、価値観に触れることは、お母さんの胎内にいるときからはじまり、幼少期を経て大人になる頃には、その人なりのモノの見方・考え方が身についてきます。これを一般的には性格や人格といったりもします。その身についたモノの見方・考え方が、社会生活をしていく中で、うまく順応したものであれば、それほど悩み苦しむことは多くはありません。

しかし、身についたモノの見方・考え方の中には、自分が生活している社会や環境に順応していないものもあります。この、

順応していないモノの見方・考え方そのものが、**自分自身を苦しめる**ことがあるのです。この順応していないモノの見方や考え方は、順応しているものと比較すると、やや偏りがあることが多いのです。偏ったモノの見方・考え方を心理学では「バイアス」と呼びます。前の第1項ではセルフケアの大切さを説明しました。その中で、

自分の心の状態に気づき、否定しないで認める

というものがありました。心の状態に気づき、否定しないで認める。その内容の1つに、

バイアス（自分の偏ったモノの見方や考え方）

があります。人間ならば誰しも、多かれ少なかれ、このバイアスを必ず持っています。

またそれは、人によって長所と短所が表裏一体の場合もあります。例えば、

・長所…1つのことに集中できて、ほかのことに気を取られることがない

としましょう。この長所が適度であれば問題は生じませんが、極端に強過ぎたりすると、

その裏として出てくるもう1つの特徴は、

・短所…周囲のことに関心がない。気を遣うことができない

という負の面が表れてくることもあるのです。

このように見ると、必ずしもバイアスがよくないものだと決めるつけるものではありません。前の第1項では、

自分の心の状態に気づくことが大切である

と説明をしてきました。したがいまして、皆さんには、

自分はどのようなバイアスを持っているのか
それに気がつき、自分自身で受け入れる（認める）ことをしてほしいのです。

参考までに、次の頁の各項目の中で自分に当てはまるものをチェックしてみてください。

チェックがついた項目の中で、「かなり自分に当てはまる」、「極端にその特徴が強い」などの場合には、それがあなたのバイアスである可能性があります。

そして、「あっ、自分はこういうモノの見方や考え方をしているんだな」と受け入れてみましょう。

<自分のバイアスを確認しよう！>

自分に該当するものに、チェックをつけてみましょう。

□□いったんはじめてしまうと、なんでも途中で止めることができない
□□ついつい周りの人に合わせてしまう
□□人に対して少しでも欠点があると、気になってしかたがない
□□責任感とは自分だけで成し遂げることであると思う
□□人に任せるより、自分でやってしまうほうである（人に任せられずに、つい自分でやってしまう）
□□自分の考え方を誰かに言わないと、気が済まない、落ち着かない
□□忙しくしていないと落ち着かない（暇だと気持ちが不安になる）
□□人と違うことをしたい
□□約束の時間は必ず守るようにしている（相手が遅刻をしてくると許せない）
□□周りのすべての人に好かれるべきだと思う
□□自分のことより、仕事や家庭を優先させる
□□プロセス（過程）よりも結果が大事だと考える
□□難しいものに挑戦していくことに喜びを感じる
□□自分にも人にも、すべてのことに効率性を求める
□□失敗や嫌なことがあると、ずっと引きずってしまう

⇒該当する項目は、あなた自身を苦しめている思考や行動のパターンかもしれません。

いろいろな、モノの見方や考え方

（社会や環境にうまく順応していると）

○　悩んだり、苦しんだりすることが少ない

○　毎日の生活が過ごしやすい

（社会や環境に順応していないと）

▲　自分自身を苦しめる（悩みの元になる）

▲　日々の生活に支障をきたす場合もある

順応していないモノの見方・考え方

＝　自分の偏ったモノの見方・考え方

＝　**バイアス**

☆　自分のバイアスに気がつき、

「こんなモノの見方や考え方をしやすいのね」

と、まずは受け入れる

3. 自分の価値観も人の価値観も大切にしろ

前の第2項では、人によっていろいろなモノの見方や考え方があり、それが時として自分自身を苦しめている原因になっているということを説明しました。

この身につけたモノの見方や考え方が元になって、

その人なりの価値観が形成される

その価値観は人によってさまざまです。この〝その人なりの価値観〟は、法令や公序良俗に反しない限り、何が正しくて何が間違っているのかなど、人が評価したり文句を言ったりするものではありません。それぞれの価値観は、本来尊重されるべきものなのです。しかし、人は**無意識のうちに**、

・自分の価値観で人を評価してしまう
・自分の価値観を人にも求めてしまう
・人の価値観が正しくて、自分の価値観が間違っていると誤解してしまう

ことがあります。実はこれらが、自分の心だけではなく、時として知らず知らずのうち

に誰かの心さえも傷つけているのです。

モノの見方や考え方、価値観はいろいろ存在していてよいものです。中には自分に受け入れがたいと感じるものがあるかもしれません。しかし、自分の価値観も人の価値観も大切にすることができたならば、少なくとも自分自身が原因となって心を痛めることは少なくなります。そのためには、

〝自分のモノの見方や考え方〟に〝人のモノの見方や考え方〟を足していくことが望まれます。これは自分の視野を拡げることにもつながります。何かを考えるとき、自分が悩んだときなどに、幅広い視野を持っていることが助けるヒントになることもあるのです。

自分の価値観は必ず大切にしてください。自分の価値観を大切にできないのに、人の価値観を大切にし、尊重し、受け入れることなどできるわけがありません。それに、自分の価値観を大切にしていないと、いろいろな人に出会うたびに影響されてしまい、自分の心が不安定になるおそれもあります。

人の価値観を受け入れる ——→ まずは自分の価値観を大切にする

そして、その結果として、
自分の価値観も、人の価値観も尊重し大切にする
そうすることで、自分の心も人の心も傷つけない日々を送ってほしいのです。

その人なりのモノの見方や考え方
＝価値観

（陥りやすい傾向）

- ▲　自分の価値観で人を評価してしまう
- ▲　自分の価値観を人にも求めてしまう
- ▲　人の価値観が正しくて、自分の価値観が間違っていると誤解してしまう

陥らないようにするには？

自分のモノの見方・考え方　＋　人のモノの見方・考え方

その結果として

自分の価値観を大切にしつつ
人の価値観を尊重し大切にする

4．自分の弱みは、克服するものと、放っておくものを分けろ

本章の第2項では、「自分のバイアスを確認しよう！」というチェックリストで、あなた自身のバイアス（偏ったモノの見方や考え方）を確認していただきました。どの項目にチェックがつきましたか？　チェックをつけた項目は、時としてあなたの強みになり力を発揮します。ただ、場面が違う、度が過ぎてしまうと、あなた自身を苦しめる原因になることもあります。

では、このバイアスなど自分の弱みは、どのように扱う必要があるのでしょうか？　チェックリストで自分がチェックした項目をもう一度見てください。その中で、日常生活や仕事に大きく支障になっているものを、次の3つの視点で探します。

①過去に何度も失敗を繰り返しているもの
②悩んで苦しみ、なかなか立ち上がれないもの
③今でも思い出すと嫌な感情が思い出され、自分の中で消化しきれていないもの

チェックをつけた項目の中に、この視点でさらに該当するものには、もう1つ✓をつけます（該当する項目には2つの✓がつきます）。

この2つ✓のついた項目が、あなたが克服をしたほうがよいと思われる弱みです。チェックがついていても、2つでないものは今の時点では放っておきましょう。あなたが克服したほうがよいのは、この2つチェックの項目（真の課題）なのです。

克服する項目は、置かれた状況や場面において自分がどのように感じるか、によってもわかる場合があります。もう1つチェックリストを用意したので、こちらも確認してみてください。

＜自分の克服したい状況や場面を探そう！＞

気持ちが落ち着かない、ソワソワする、ストレスに感じるものなどにチェックをつけてみましょう。

□□誰かに注意をしなければいけないとき
　（何か気がついたことを指摘するときなど）
□□言おうとした意見などが、話せなかったとき
　（話そうとしたけど、飲み込んだときなど）
□□何か頼まれて、断れなかったとき
　（自分が我慢すればいいと思ってしまうなど）
□□自分と違う考えの人が近くにいるとき
□□必要な情報等を、自分だけが入手できないとき
□□ルールやマナーを守らない人を見たとき
　（やるべきことをしていない人や行為など）
□□コミュニケーションがうまく取れていないとき
□□目標設定が、自分の想定と違うとき
□□自分と同じ気持ちや考えで仲間が動かないとき
　（モノの見方・考え方・価値観が違う人など）
□□予定通りに物事が進まないとき
□□初めての体験、自信のないことをするとき
□□時間がない、精神的に余裕がないとき
□□自由、または放任されて仕事をするとき
□□指示されたまま仕事をしなければいけないとき
□□仕事が完璧にできなかったとき

⇒該当する項目のうち、129頁の3つの視点でもう一度確認し、該当するものには、もう1つ✓をつけましょう。

チェック2つの項目（弱みや苦手なこと）を克服するとは、
今までの思考・価値観や行動に、**新たな思考・価値観や行動を足していく**ことをいいます。決して自分の性格を変えることではないのです。

カウンセリングをしていると、若い人から比較的よく相談されるのが、
「自分の性格を変えたいのですが…」
というものがあります。性格を変えるのは並大抵のことではありません。年齢を重ねていけばいくほど、ほとんど変えることはできないといっても過言ではありません。そこで私は次のようにお伝えしています。

「大人になってから性格を変えていくのはかなり難しいですよ。その代わりに、状況や場面に合わせて、**適した行動に変えていきませんか？**」

カウンセリングの目的は相談者の状況や場面による行動が、その時々に適した行動に変わること（行動変容）ですが、実際には行動を変えるというより、

適した考え方や行動を、**今の自分に足していく**ことをカウンセラーは支援していきます。

今まで行ってきた失敗や嫌な感情に結びつく思考・行動は、いったんそのままにしておきます。時と場合によってはそれがプラスに働くこと、その人の強みとして発揮されることもあるからです。

今の自分の思考・価値観や行動に、**新たな視点をどんどん取り入れていくこと**これが弱みを克服することといえるかもしれません。

バイアス（偏ったモノの見方や考え方）、
苦手な場面

3つの視点で仕分ける

① 過去に何度も失敗を繰り返しているもの
② 悩んで苦しみ、なかなか立ち上がれないもの
③ 今でも思い出すと嫌な感情が思い出され、
自分の中で消化しきれていないもの

克服したほうがよい“真の課題”

では、克服するとは？

今の自分の思考・価値観や行動に、
新たな視点をどんどん取り入れていくこと

○ 今までの思考・価値観や行動に、
新たな思考・価値観や行動を足していく
○ 適した考え方や行動を、
今の自分に足していく

5. 苦手なものは段階的に克服しろ

前の第4項で、克服したほうがよい〝真の課題〟を見つける方法を紹介しました。そして克服するとは、「今の自分の思考・価値観や行動に、新たな視点をどんどん取り入れること」であることも説明しました。

新しい思考（知識）や価値観を増やしていくには、情報を集めてそこから取り入れる方法があります。情報収集には、次のようなものがあります。

・人と会って話す
・セミナーや研修会に参加する
・専門書や業界誌など、紙媒体から取り入れる
・インターネットを活用して収集する（SNSや公的機関、民間のサイトなど）

最近はインターネットとモバイルツールを活用すれば、いつでもどこでも情報を集めて、新しい思考（知識）や価値観などに触れることができます。書籍でさえモバイルツールにダウンロードすれば、ちょっとした移動中などの時間に読むことができるのです。

効率的に新しい視点を取り入れていくにはコツがあります。

●情報収集の3つのコツ

・段階的に理解し、深めていけ（まったく初めての情報は特に）
・情報資源（リソース）は確かなものに触れろ（原典に当たれ）
・収集した反対の情報にも必ず触れろ

この辺りは当たり前のことなので、新人さん以外にはあまり参考にならないかもしれませんが、簡単に説明をさせていただきます。

○段階的に理解し、深めていけ（まったく初めての情報は特に）

新しい思考（知識）や価値観を理解し取り入れることは、知ったかぶりする程度ならすぐにできますが、深く理解しようと思うと時間がかかるものです。このときのポイントは「2段階×3ステップ」で読み込んでいくことです。

●2段階×3ステップ学習

第1段階　まずは、大まかな概要を理解する（**概要がまとまっている情報**を収集）

ステップ①理解できなくても気にせずに最初から最後まで一気に読む

ステップ②今度は言葉の意味なども考えて、考えながら最後まで読む

ステップ③気になるところ、疑問に思うところを読み深める

第2段階　具体的な詳細内容を理解する（**中身が詳細に書かれている情報**を収集）

ステップ①理解できなくても気にせずに最初から最後まで一気に読む

ステップ②今度は言葉の意味なども考えて、考えながら最後まで読む

ステップ③気になるところ、疑問に思うところを読み深める

今まで触れたことがないようなまったく初めての情報を理解し自分に取り入れようとすることは、よほど興味を抱いていない限り、人の脳は拒否反応を示すものです。学生時代を思い出してみてください。勉強が好きという人以外は記憶しようと思っても、な

かなか頭には入ってこないですよね？（特に嫌いな教科ほど、その傾向が強かったのではないですか？）

最初から理解し覚えようと思わないほうがラクです。まずは知らない言葉や考え方に触れることだけを意識します。3つのステップはそれを順番に理解していこうとするものです。まずはまったくわからなくてもいいので、読みはじめてみましょう。何回か読んでいるうちに、「あっ、そうか！」と思える瞬間や、知らないうちに自分の記憶に残っていることがあるものです。これを〝ブレイクスルー・ポイント〟といいます。ここまでくればかなり自分の身になってきています。第1段階で概要を理解したうえで、第2段階で詳細を理解するのも同じ理由です。

これは、業界や業務内容の理解、資格試験などの勉強でも幅広く活用できます。

○情報資源（リソース）は確かなものに触れろ（原典に当たれ）

これはとても当たり前のことなのですが、意外にも知らない人、知っていても実行していない人が社会にはいるものです。新しい思考（知識）や価値観を自分に取り入れる際、その情報の精度はとても重要です。書籍はまだいいほうですが、インターネットでの情報収集には特に注意が必要です。気をつけるポイントは、

信用できる情報源なのか？

という1点だけです。信用できる情報かどうかは、次の4つの視点で確認します。

・発信元は確かか？
・情報はデータや理論、経験に基づいたものか？
・一方的な偏った情報になっていないか？
・それは**本当に正しい情報**なのか？

ホームページやSNSでの発信情報には真実も嘘も、多面的なものも、一方的なものも玉石混淆です。正しい情報かどうかを見抜くのは難しいものです。しかし、その情報が信用できるかどうかの確認は怠ってはいけないのです。克服のために情報を集めるのですから、できるだけ信用できる情報をもとにしたいものです。

原典の情報を一次情報といいます。可能であればこの一次情報は必ず確認してください。ネットの世界ではこの一次情報からの引用を、孫引きかそれ以上で引用して掲載し

ているものも少なくありません。間違った情報で誤った思考や価値観を身につけないようにしてください。これは間違った情報を信じて、あなたが別の人に情報発信することを避けるためでもあります。

○収集した反対の情報にも必ず触れろ

収集した情報で反対（対極）の情報があれば、それにも触れておきましょう。1つの情報だけで判断すると、情報自体が不足している、情報そのものや見方が偏っている場合などあります。また違った側面から、新たな視野が広がる可能性もあるのです。

反対（対極）の情報がないときには、違う人が発信している複数の情報に触れるようにしてください。それだけでも、書かれていることが一般的なのか、ある一定の観点から書かれたものなのかがわかる場合があります。いろんな観点から書かれていると、それだけその情報を見る視点が多いということでもあるのです。

今度は行動を足していく方法を説明しましょう。ここでは心理学の認知・行動療法の考え方と方法である「系統的脱感作」というものを活用します。自分が新しい行動を身につけたい、改善したい、克服したい〝真の課題〟を**段階的に身につける、改善していく方法**です。

●段階的に慣らす（身につける・改善する）系統的脱感作の5ステップ

ステップ①克服したい〝真の課題〟を具体的に考える

ステップ②そのときに心に起こる気持ちを具体的に思い出す

ステップ③100％克服したときの理想の姿（A）を具体的に考える

ステップ④理想の姿（A）を10段階目として9段階ごとに遡った姿を考える

ステップ⑤10％の項目から順番に実行する（このとき、不快な感情が薄くなる、なくなるなどしたら、次のステップに移る）

※必要に応じて、ステップ③、ステップ④を修正して実行する

☆　段階的に慣らしていく（系統的脱感作）

【今あなたが克服したい状況などはどのような場面ですか？】

人に注意することが、どうしても苦手！　人に注意できるようにしたい

【そう思ってしまう意識の奥底には、どのような気持ちがありそうですか？】

反発されるのではないか？　怖い・嫌われたくない・仲良くいたい

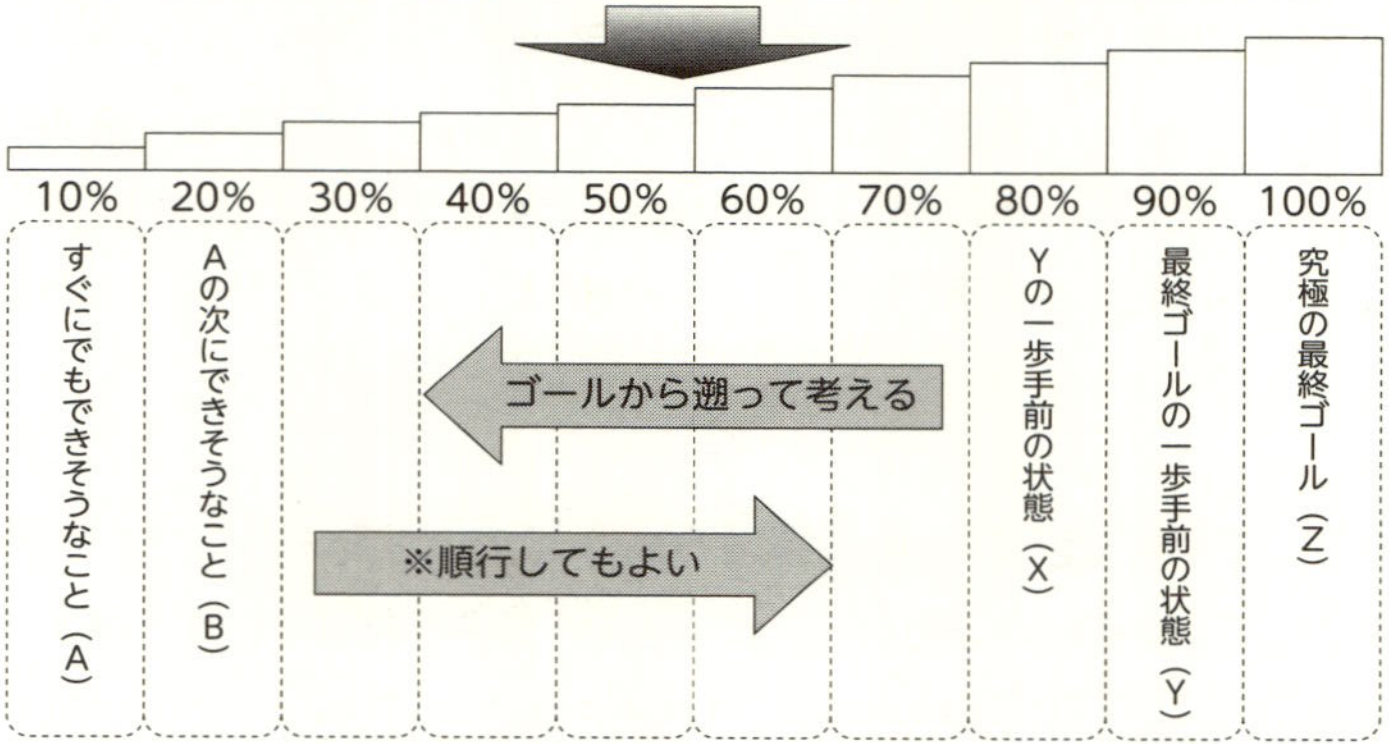

前頁の図は、実際に研修やカウンセリングで使用しているものです。各ステップの解説を読む際には合わせて参考にしてください。なお、この図はわかりやすくするため、かなり簡単な文章にしていますが、各欄をより具体的に書くことが、実際に行動し、段階的に克服していくには有効です。

○ステップ①克服したい〝真の課題〟を具体的に考える

どのような状況や場面において、バイアス（偏ったモノの見方・考え方）や、苦手なこと（真の課題）が起きるのか、それをできるだけ具体的に思い出して書き出します。

※図中の【あなたが克服したい状況などはどのような場面ですか？】の欄参照。

○ステップ②そのときに心に起こる気持ちを具体的に思い出す

具体的な状況や場面で起きている克服したい真の課題を具体的に書いたら、そのときの自分の感情を思い出してみます。真の課題に直面したとき、あなたの心の中には、どのような感情（気持ち）がわき起こってきますか？　自分の心に素直に向き合ってみて、浮かんでくる感情をそのまま書くことが大切です。特に不快な感情などは、それが和らいでいかないと、克服しようとする行動は途中で止まってしまい、続かないのです。

※図中の【そう思ってしまう意識の奥底には、どのような気持ちがありそうですか？】の欄参照。

○ステップ③100％克服したときの理想の姿を具体的に考える

ここまで自分で書いたステップ①とステップ②をもう一度見て、では、それを克服するとは、あなたにとってどのような状態になっていることなのか、ゴールを具体的に想像して書きます。このときに相手がいるのでしたら相手も、具体的な状況や場面があるのでしたらそれもゴールに書き添えるようにします。具体的であればあるほど、次からのステップがイメージしやすくなります。

ゴールの設定に自信がない人は、第2章第1項の「仕事が発生したら、まずはゴールを設定しろ」を参考にしてみてください。ゴールを設定する基本的な考え方は同じです。

※図中の100％の下の欄「究極の最終ゴール（Z）」が該当。

◯ステップ④理想の姿を10段階目として9段階ごとに遡った姿を考える

前のステップで理想の姿が具体的にゴール設定できたら、今度はそこから遡って、ゴールの一歩手前の90％くらいの状態はどのようなものかを想像します。このときに考えるヒントは、理想の姿や状態、そのときできるであろう行動を想像してみます。

90％の理想の姿（Y）が書けたら、80％、70％とさらにブレイクダウンを続けていき、今すぐにでもできそうな行動、理想の状況な姿を10％の欄（A）に書きます。10％から100％まで書けたら全体をもう一度見て、行動に無理がないかどうかを確認します。特に最初の10～30％までは行動可能かどうか注意して確認する必要があります。かなり頑張らないとできない行動や、無理のある状態、理想の姿を設定すると1つずつ克服するどころか、よけいに苦手意識を強めてしまう危険性もあります。ちょっと頑張ればできる、届く状態や理想の姿になっているかを見てください。全部で10段階くらいの状態や理想の姿、行動を書いていきますが、ゴールから遡って考えると想像しにくいという人は、反対に10％のすぐできることから考えてもかまいません。また、ここでは説明のために10段階にしていますが、これよりも短くても多くてもかまいません。無理なく進めていける段階で設定してください。
※図中の10％「すぐにでもできそうなこと（A）」から「究極の最終ゴール（Z）」などが該当。

○ステップ5⑤1段階目から順番に実行してみる

ステップ④で10％から100％までの状態や理想の姿、行動が書けたら、10％の項目から順番に行動に移していきます。このとき設定したようにできたか、できなかったかも大切なのですが、それ以上に不快な気持ちが起きていないかどうかを確認してください。

例えば、10％の項目に「自分を理解してくれている家族に、1つだけ家事のことで注意してみよう。家族に聞いてもらえる状態をつくろう。そのためには表現や言葉に気をつける。もし反発されたとしても、気にしないようにしよう」という行動や、理想の状態を設定したとします。これを実際に行動に移したら、

「反発されずに聞いてもらえた。ちょっと嬉しかった」としたら、安心して20％にいけますよね。しかし、もしも、「反対に自分に対して注意されて、少し落ち込んだ」という結果だったら次には進めません。

不快な気持ちにならないように行動して、理想の状態や場面をつくるには何ができるのか、それを再度考えて10％の項目を修正していきます。これを必要に応じて繰り返していきます。最初に考えて書いた10％から100％の項目が、一度ですんなりと進んでいくことは少ないと考えておいたほうがいいでしょう。実行して修正し、試行錯誤を重ねながら克服していくと考えてください。このとき、第2章第2項「仕事の段取り、業務を細分化する」、第6項「仕事の進め方を定期的に見直せ（マネジメント・サイクルPDCA）」の基本的な考え方が活用できます。参考にしてください。

新しい思考（知識）や価値観を増やす
<情報収集３つのコツ>

○　段階的に理解し、深めていけ
（まったく初めての情報は特に）
○　情報資源（リソース）は確かなものに触れろ
○　収集した反対の情報にも必ず触れろ

新しい行動を増やす
<系統的脱感作の５ステップ>

ステップ①克服したい“真の課題”を具体的に考える
ステップ②そのときに心に起きる気持ちを具体的に思い出す
ステップ③ 100％克服したときの理想の姿を具体的に考える
ステップ④理想の姿を 10 段階目として９段階遡った姿を考える
ステップ⑤ 10%の項目から順番に実行する
（このとき、不快な感情が薄くなる、なくなるなどしたら、次のステップに移る）

※必要に応じて、ステップ③、ステップ④を修正して実行する。

6．嫌なことに押しつぶされそうになったときには、一度回避しろ

仕事やプライベートでは日々いろいろなことが起きます。楽しいこと、嬉しいこと、辛いこと、悲しいことなど。特に嫌なことがあったときには気持ちが落ち込んでしまい、その出来事に立ち向かっていくには時間が必要なときもあります。何も考えなくていいのであれば、時間をかけてゆっくりと自分の心を癒したいところです。また、もう一生会わなくて済む相手なら、付き合わないように関係性を絶つこともできます。しかし、現実はそうも言ってはいられません。何かしら嫌なことに遭遇しても、自分の気持ちを自分自身で支え、立ち直らせ、立ち向かっていかなければいけないものです。

嫌な出来事や不快な状況に遭遇すると、それはとてもストレスになります。そのストレスから一度自分の気持ちを回避させて立て直し、元気になったら根本的な解決に向けて行動に向う、その方法を「認知・行動療法の考え方」を活用して説明したいと思います。

私が研修やカウンセリングなどで、実際に用いている『ストレス要因ブレイクシート』を使って、その中に記してある例で説明していきましょう。

☆ ストレス要因ブレイクシート

～ストレスに感じた出来事～
仕事を処理する手順を間違ってしまい、上司に叱られた！！！

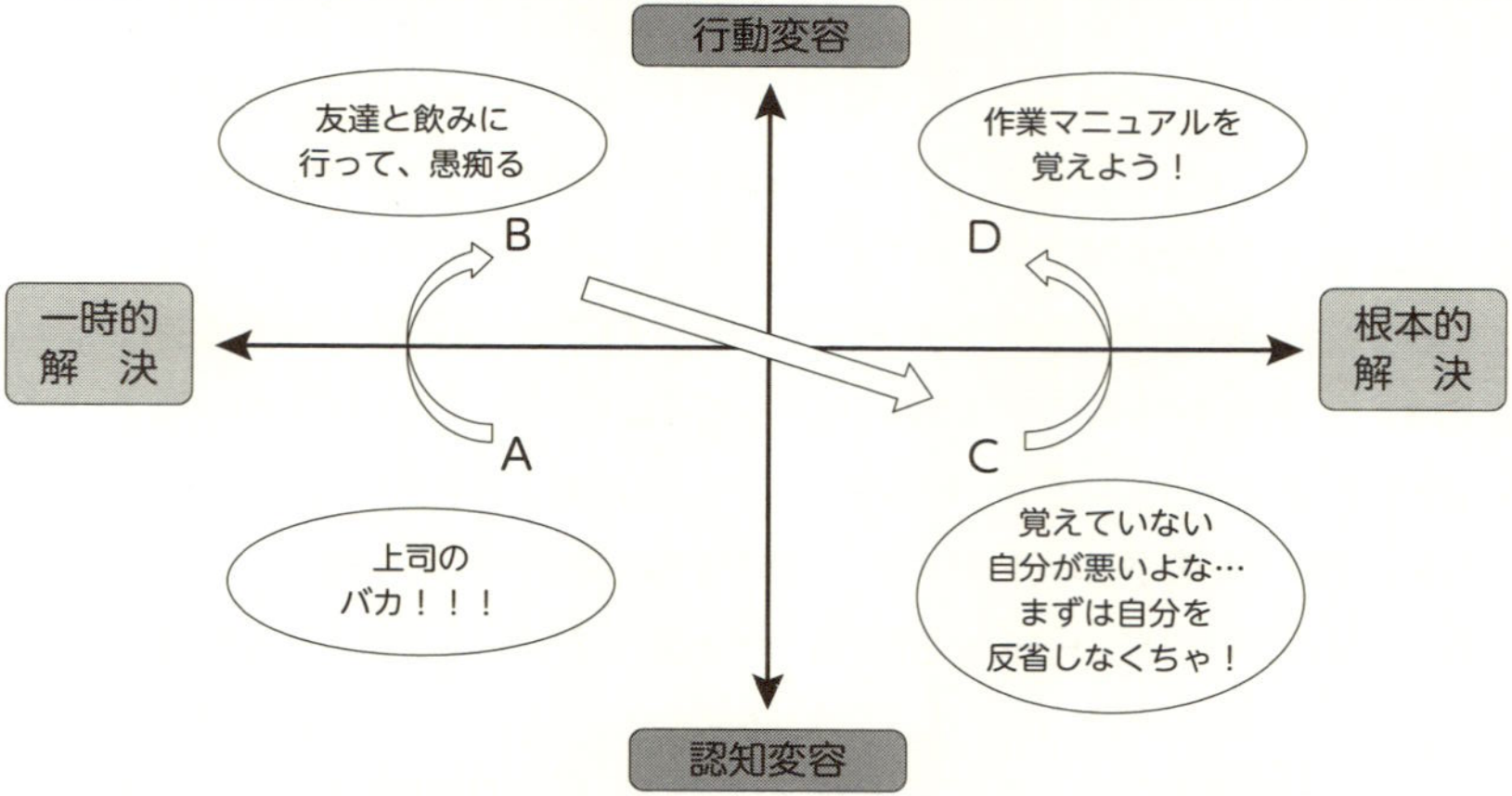
行動変容
認知変容
一時的解決
根本的解決
友達と飲みに行って、愚痴る
B
作業マニュアルを覚えよう！
D
A
上司のバカ！！！
C
覚えていない自分が悪いよな…まずは自分を反省しなくちゃ！

出来事や状況を、直近の問題と、ちょっと先の根本的な問題の大きく2つに分けて、それぞれどのように対応して解決を図っていくのか、次の4つのステップで考えていきます。

●ストレス要因ブレイク　4つのステップ
ステップ①（左下Aの象限）今の気持ちを軽くするような出来事の捉え方を考える
ステップ②（左上Bの象限）今の気持ちを軽くする方法を具体的に考えて行動する
ステップ③（右下Cの象限）根本的解決のために、冷静に出来事を捉える
ステップ④（右上Dの象限）根本的な解決に結びつく方法・手段を考え実行する

○ステップ①（左下Aの象限）今の気持ちを軽くするような出来事の捉え方を考える
ここでは、遭遇しているストレスの状況や出来事を、不快な気持ちを軽くするためにどのように捉えて認知するのがいいかを考えます。本人に直接的に言わないのであれば、

あなたの認知のうえでは責任転嫁などでもかまいません。図のように、本当は自分のミスなのですが、上司を責めることで気持ちを落ち着かせようとしています。

○ステップ②（左上Bの象限）今の気持ちを軽くする方法を具体的に考えて行動する

ステップ①で気持ちが軽くなる認知の仕方ができたら、今度はその認知をもとに、気持ちが軽くなる行動を考えて実行します。図の場合は、上司に責任転嫁し、友達と飲みながら愚痴や上司の悪口を言うことで発散しようとしています。

○ステップ③（右下Cの象限）根本的解決のために、冷静に出来事を捉える

ステップ①、ステップ②で、直面している不快な感情から一時的に逃げて気持ちを落ち着かせました。これができたら、起きた出来事が根本的に解決に向うように考えていきます。ここではまず、不快なストレスが生じることになった出来事がなぜ起きたのか、自己反省も含めて考えます。ここでは責任転嫁をせず、自分に主体を置いて考えます。図では、「マニュアルを覚えていない自分」に原因があり反省していますね。左下Aと

比べると、一時的な認知から変わっていることがわかります。

○ステップ④（右上Dの象限）根本的な解決に結びつく方法・手段を考え実行する

最後のステップでは、ステップ③の根本的な解決のための認知から、自分ができる解決につながる行動を考えて実行していきます。「作業マニュアルを覚える」ことで、仕事の手順を間違えない行動を考えたようにです。

出来事によって不快な感情が生じたときは特に、この「ストレス要因ブレイク」の考え方で対応してみてください。不快な感情をあまり引きずらずに、根本的な問題解決に立ち向うことができます。まずは心を支えることを大切にしてください。

ストレスに感じた出来事の対処法
<ストレス要因ブレイク　4つのステップ>

ステップ①（左下Aの象限）

今の気持ちを軽くするような出来事の捉え方を考える

ステップ②（左上Bの象限）

今の気持ちを軽くする方法を具体的に考えて行動する

ステップ③（右下Cの象限）

根本的解決のために、冷静に出来事を捉える

ステップ④（右上Dの象限）

根本的な解決に結びつく方法・手段を考え実行する

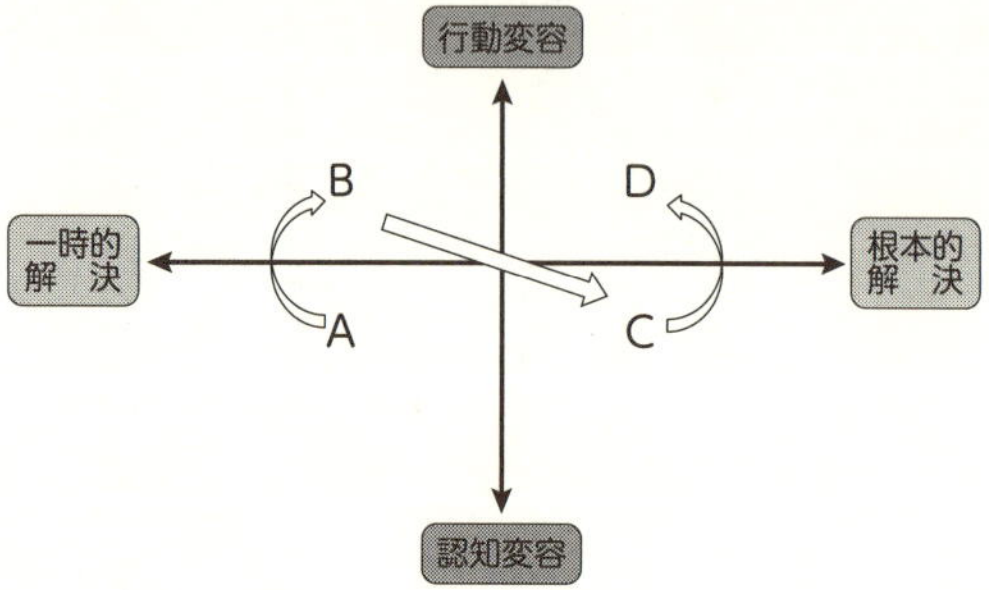

7．嫌なことが起きたときには、ネガティブな感情を減らせ

　不快な感情を軽くするのに役立つ方法を、認知・行動療法からもう1つ紹介しておきます。その方法は、

　　認知の幅を拡げることで、ネガティブな感情を薄める

ものです。人はネガティブになると、自分が捉われている特定の考え方や感情から抜け出せない状態（心理学では「視野狭窄《きょうさく》」といいます）になってしまい、それ以外の考え方や感情に気がつきにくくなります。感情が高ぶれば高ぶっているほど、どうしようという焦りの気持ちが大きければ大きいほど、この傾向は強まります。

　この視野狭窄から抜け出す方法が、「円グラフ気持ち分散法」です。

　　捉われている特定の考え方や感情以外の視点を書き出し整理する

ことで、抜け出せないでいる特定の感情から、

　　ほかの感情やモノの見方・感じ方に気づく

ように自分を促すのです。今まで捉われていた以外の、モノの見方や考え方、感情に気

づけば、相対的にネガティブな気持ちを薄めてくれるのです。

ネガティブな感情が心を占めていると、解決策を考えようとしても考えることはできないものです。そこで、ネガティブな感情からある程度抜け出し、苦しみや悩みから多少でも解放されれば、自分が良い方向に変わろうとする（行動変容）準備が整うのです。

☆　円グラフ気持ち分散法

☆“不安”を少しラクにする方法

【今あなたには、どのようなこと（不安・怒り・悲しみ）が起きていますか？】

私は、仕事やプライベートで出会う人、皆に好かれたい！
（人に嫌われるのは、絶対に嫌だ～！！！）

“今”あなたの頭の中に占めている考えや思いはどのようなものですか？

“今”あなたの頭の中に占めている考えや思いはどのようなものですか？

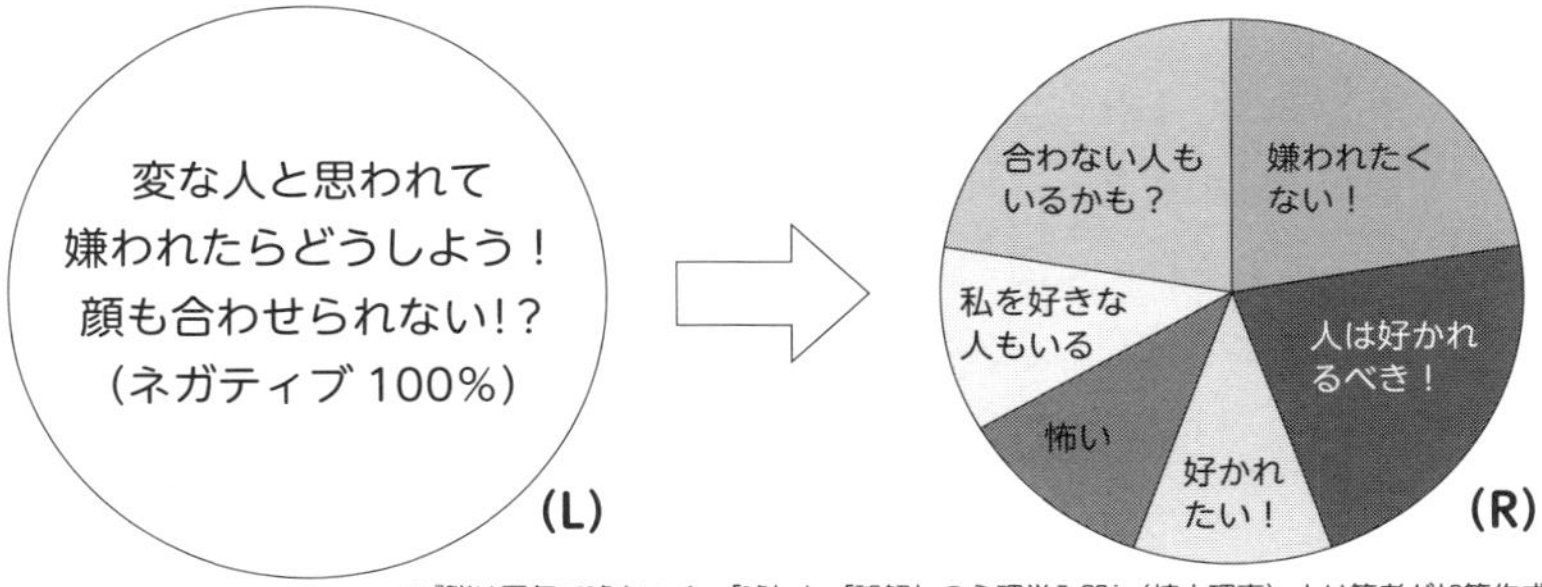
変な人と思われて
嫌われたらどうしよう！
顔も合わせられない!?
（ネガティブ100%）
(L)
合わないい人も
いるかも？
嫌われたく
ない！
私を好きな
人もいる
人は好かれ
るべき！
怖い
好かれ
たい！
(R)

※『脳は平気で嘘をつく－「嘘」と「誤解」の心理学入門』（植木理恵）より筆者が加筆作成

これも、実際に私が使っているシートで説明しましょう。

●ネガティブな気持ちの、「円グラフ気持ち分散法」の3ステップ
ステップ①今、自分が陥っているモノの見方や考え方、感情を具体的に書き出す
ステップ②ステップ①で書き出したものを、左の円グラフ（L）に書く
ステップ③ステップ①以外の感情や、モノの見方・考え方が、ほかにはないかを考え、その程度の割合を面積で表し、（R）の円グラフに書いていく

○ステップ①今、自分が陥っているモノの見方や考え方、感情を具体的に書き出す
今自分の心や頭の中には、どのようなネガティブな見方や考え方、感情が占めているのかを具体的に書き出します。このとき書き出す言葉は、自分の気持ちに、できるだけピッタリくるものを選ぶように意識してみましょう。

例では、「嫌われたらどうしよう！　顔も合わせられない」というネガティブな気持ちが100％心の中を占めています。

○ステップ②ステップ①で書き出したものを、左の円グラフ（L）に書く

ステップ①で書き出した中から、ピッタリくる言葉をキーワードとして、自分の気持ちを中心にグラフに書き出します。このとき、ネガティブな見方や考え方、感情が複数あるようでしたら、それぞれの割合を主観で判断して面積の大きさとして円グラフに表します。複数あるときのポイントは、今一番大きなネガティブな気持ちに注目することです。どれが一番強い気持ちなのかを明確にします。

書き終えたら、左の円グラフ（L）を見て自分の今の心の状況にピッタリかどうか確認します。キーワードがしっくりこなければ、言葉を替えてみてください。

○ステップ③ステップ①以外の感情や、モノの見方・考え方が、ほかにはないかを考え、その程度の割合を面積で表し、（R）の円グラフに書いていく

（L）に書いた円グラフのネガティブな感情をよく見てみます。そして、

・ほかに、自分の心の中にはどのような違った感情があるのか?

・違う観点から今の状況や気持ちを見たとき、ほかの違ったモノの見方や考え方（特にポジティブな）はどのようなものがあるだろうか?

を考えて、書き出します。自分1人では思い浮かばないようでしたら、誰かに聞いてみたり、相談してみてもかまいません。ほかの人と話す中で、「あ〜、そういう見方もあるんだなぁ」とか、「＊＊＊という気持ちが湧いてきた」と少しでも自分が認められるものは書き出しておきます。

書き出し終えたら、（L）の円グラフに書いたものも含めて、今の自分の心にはそれぞれの感情やモノの見方・考え方が、どのくらいの割合で存在しているのかを、全体を100％として割り振り、円グラフにしてみます。円グラフに書き表したものを比較してみると、ちょっと前の自分の状態（（L）の円グラフ）から、心の状態の変化がわか

ります。ネガティブな気持ちがゼロになることは稀ですが、全体的に薄まって気持ちがラクになることがあるのです。

１５７頁の例の（R）の円グラフの中に、「怖い」という新しいネガティブな感情は表れましたが、同時に「私を好きな人もいる」、「合わない人もいるかも？」と少しポジティブに視野が広がってきているのがわかります。

この作業を、日を変えて何回か繰り返すと、また別な視点が加わっていき、どんどんネガティブな気持ちは和らいでいきます。

人のモノの見方や考え方には一定のバイアスがあることを、本章第2項で説明しました。ですので、何回かやっていくと、自分がどのような場面でどんな感情や思考が浮かびやすいのか、そのクセを理解することにもつながります。そのクセから抜け出すヒントが見つかりますので、ぜひ皆さんもやってみていただきたいと思います。

ネガティブな気持ちや
モノの見方・考え方を軽くする
<円グラフ気持ち分散法>

ステップ① 自分が今、陥っている、モノの見方や考え方、感情を具体的に書き出す

ステップ② ステップ①で書き出したものを、円グラフ（L）に書く

ステップ③ ステップ①以外の感情や、モノの見方や考え方がほかにはないかを考え、その程度の割合を面積で表し、（R）の円グラフに書いていく

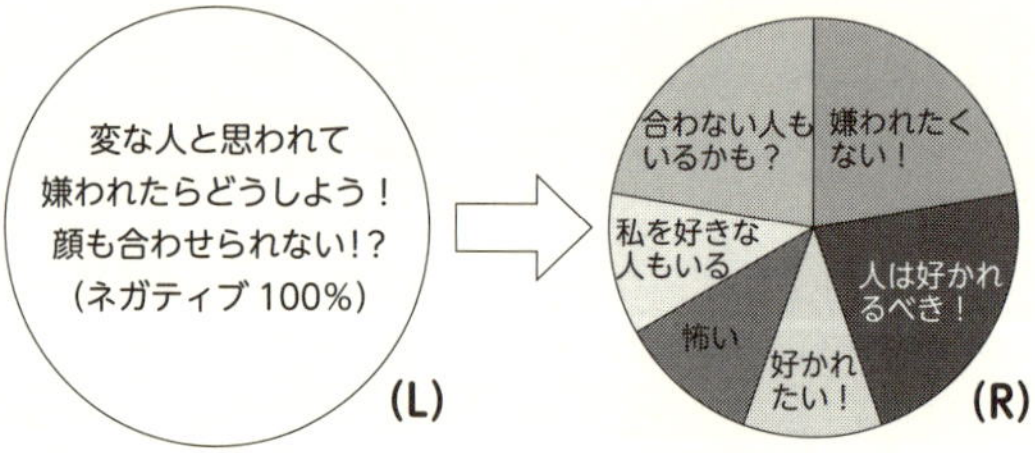

変な人と思われて
嫌われたらどうしよう！
顔も合わせられない!?
（ネガティブ 100%）
(L)
合わないい人も
いるかも？
嫌われたく
ない！
私を好きな
人もいる
人は好かれ
るべき！
怖い
好かれ
たい！
(R)

8. 自分でコントロールするモチベーションは強い

ＭＴＴ（Mental Toughness Training）の残り2項目は、自分のモチベーションを、自分自身でコントロールし、維持する方法です。

モチベーションとは、

ゴールの到達に向けて、行動し継続していく、その根本的なエネルギーである意欲や動機づけ

といえます。このモチベーションは意識しておかないと持続しません。また、モチベーションは人からのご褒美（褒めてもらう、プレゼントをもらうなど）だけでは、一時的に高まるものの、継続して高まることはない、ということがわかっています（外からの刺激なので外発的動機づけといいます。外発的動機づけには限界があるのです）。そこで、モチベーションを継続して高めていくには、**自分の内面からの湧き出る思い**を活用しコントロールしていくのです（内面からのエネルギーなので、内発的動機づけといいます）。

つまり、モチベーションを自分でコントロールするには、内発的動機づけ（自分の中の思い）＞外発的動機づけ（他人からの報酬）という関係をよく理解しておくことが必要です。

皆さんも、「やろうとは思っているけど、なかなか行動できないでいる」ことはありませんか？　そんなときに、今回紹介する方法でモチベーションを見直して、「やろうと思っていること」を実際に行動化するように強めていくのです。

ここではアメリカの心理学者J．W．アトキンソン（J.W.Atkinson）の達成理論がベースになっています。彼は内発的動機づけを「達成志向行動」と呼び、その構造は、

「達成志向行動」＝「動機」×「期待」×「価値」

との掛け算で成り立っているとしました。これをもとに、実際に私が研修やカウンセリングで用いるシートに加工した『あなたが取り組む行動を強化する！』事例で説明していきます。

☆　あなたが取り組む行動を強化する！

<ステップ①> あなたは今、何に取り組もうとしていますか（取り組んでいますか）？

○○○という資格を取る！⇒ それで＊＊＊ができるようになる。

<ステップ②> 行動するための３要素を具体的に分解してみよう！

【A】　ⓐ　ⓑ　ⓒ

【アクション・ポテンシャル】 ＝ “達成したい！” × “私にはできる！” × “効果が明確！”

☆ 取り組もうとした背景や理由は？	☆ 自分にはできるという根拠は？	☆ 具体的な自分へのメリットは？
① 資格を持っていると将来、安心！	① 通信教育に申し込んだ	① ○○○士と呼ばれて格好いい！
② 就職に有利かも！	② 勉強会にも参加している	② 就職・転職がしやすくなる！
③ 収入を増やしたい！	③ 試験対策問題集も買った！！	③ 収入が増える！⇒△△が買える！
④ その仕事そのものに憧れている！	④ 資格を取った人に話を聞いた！	④ 家族が喜ぶ！
⑤ ＊＊＊のプロになりたい！	⑤ 計画的に勉強している	⑤ 定年後も仕事がある
⑥ 資格がないとやりたい仕事に就けない	⑥ １か月ごとに確認テストを受けている	⑥ ○○○という専門的な仕事ができる
⑦ ○○歳までに、絶対独立する！	⑦ 絶対合格する、と皆に宣言した！	⑦ 取得しないと、馬鹿にされる～！

●モチベーションを強化し、ゴールへの行動を促す7ステップ

ステップ①　取り組みたいこと、取り組んでいることを具体的に書く

ステップ②　『取り組もうとした背景や理由は？』『自分にはできるという根拠は？』『具体的な自分へのメリットは？』を思いつくまま書き出す

ステップ③　ステップ②で書いた各要素の数を、シートの中の〈ステップ②〉ⓐ達成したい！、ⓑ私にはできる！、ⓒ効果が明確！　の左の枠にそれぞれ書く

ステップ④　ステップ③で書いた各要素の個数を掛け合わせた合計値を【A】【アクション・ポテンシャル】の左の枠に書く（第1段階）

ステップ⑤　シート全体を見て、書いた数が少ない要素ではもっとほかにないか、書いた内容が曖昧な項目では、より具体的に書くように見直していく

ステップ⑥　見直して修正した項目や、新たに加えた項目を、ステップ②〜④

ステップ⑦　で同様に記入する（第2段階）
第1段階と第2段階を比較して、個数がより多く、内容がより具体的に書けていれば、今までよりも行動は強化されている。『自分にはできるという根拠は？』を中心に行動計画等に落とし込み、実行する

○ステップ①　取り組みたいこと、取り組んでいることを具体的に書く

第2章第1項「仕事が発生したら、まずはゴールを設定しろ」を参考に、できるだけ具体的にします。例では、「資格を取る」だけではなく、どういうことができるようになりたいのか明確にしています。

○ステップ②　『取り組もうとした背景や理由は？』『自分にはできるという根拠は？』

『具体的な、自分へのメリットは？』を思いつくまま書き出す

ここでは、要素ごとに考えて埋めていきます。既に実行していること、やろうと思っているけどできていないことなどがわかるように区別して書くといいですね。ステップ⑤で検証がしやすくなります。考えるときには、格好のいい表面的なことだけに限らず、自分の本音に近いところを考えるのがコツです。165頁の例であげると、『取り組もうとした背景や理由は?』の②、③、⑦、『具体的な自分へのメリットは?』の②、③、⑦などです。上司や先輩に話したときに格好いい表面的なものよりも、自分の本音に近いもののほうが本当のエネルギーになるのです。

○ステップ③　ステップ②で書いた各要素の数を、シートの中の〈ステップ②〉ⓐ達成したい!、ⓑ私にはできる!、ⓒ効果が明確!　の左の枠にそれぞれ書く

○ステップ④　ステップ③で書いた各要素の個数を掛け合わせた合計値を【A】【アクション・ポテンシャル】の左の枠に書く（第1段階）

この2つのステップは各個数や、乗算（掛け算）をした結果を書くだけです。

○ステップ⑤　シート全体を見て、書いた数が少ない要素ではもっとほかにないか、書いた内容があいまいな項目では、より具体的に書くように見直していく

○ステップ⑥　見直して修正した項目や、新たに加えた項目を、ステップ②〜④で同様に記入する（第2段階）

モチベーション（≒達成志向行動）の構造は掛け算です。したがって、各要素の項目が少ないとモチベーションは上がりません。各要素ともできるだけたくさん書くようにしましょう。また、曖昧で抽象的な内容では、やはり意識に残らず行動化するには弱くなります。自分で浮かばなければ誰かに相談してもかまいません。できるだけ多く、そして具体的な内容になるように見直していきます。例では各要素7項目すべて埋まっていますが、実際に書いてもらうと、第1段階では各要素とも3個程度、5個も書ければ多いほうです。

○ステップ⑦　第1段階と第2段階を比較して、個数がより多く、内容がより具体的に書けていれば、今までよりも行動は強化されている。『自分にはできるという根拠は？』を中心に行動計画等に落とし込み、実行する

ここまで再検討、修正ができたらシートを何度も見直してみましょう。上司や先輩、ゴールに近い人などに相談してみるのもお勧めです。1人で考えるよりも、より多くの視点や具体的な内容に補足してくれることになるでしょう。ある程度納得できるレベルまで書けたら、継続して行動するためにスケジュール化していきます。このとき第2章の第2項から第6項などを参考にすると、より効率的で実践的な行動計画が策定できます。

ここまで検証しても行動化されない場合には、ほかの悩みや病気などが原因になっているおそれもあります。上司や家族、または、医者やカウンセラーなどに相談することも考えておきましょう。

モチベーションとは？

ゴールの到達に向けて、行動し**継続していく**
その根本的なエネルギーである意欲や動機づけ

<モチベーションをコントロールする方程式>

「達成志向行動」＝「動機」×「期待」×「価値」

ステップ①取り組みたい（取り組んでいる）ことを具体的に書く
ステップ②『背景や理由』『根拠』『メリット』を書き出す
ステップ③各要素の個数を確認
ステップ④各要素を掛け合わせた（乗算）した数を確認
ステップ⑤書いた内容を検証する
・書かれた個数が少ない要素で、ほかにはないか？
・書かれた項目で曖昧・抽象的なものはないか？
ステップ⑥検証した結果を書き足す
ステップ⑦行動計画に落とし込む

9. モチベーション維持には他人を必ず巻き込め

前の項でモチベーションは内発的動機づけをコントロールしていくことが大切であり、その方法を学んできました。基本は自分の中のエネルギーが鍵になりますが、会社や組織の中で目標を立てて行動していこうというモチベーションには、もう1つ、必要なものがあるのです。それは、**他人を巻き込み、安心感を得ること**なのです。

人の欲求には「集団に所属していたい」、そして「その中である程度は受け入れられたい（認められたい）」という思いがあります。職場で嫌なことがあっても、それを理解しわかってくれる同僚が1人でもいれば、辛くても頑張れることは実際にあるものです。自分から積極的に関わっていかなくても、見守ってくれる上司や先輩がいる場合もありますが、それは稀でしょう。ですので、自分から積極的に関わりを持つことが必要なのです。これは第2章第5項「自分の仕事には協力者を必ず巻き込め」もぜひ参考にしてください。自分から報連相などを通じて、関係性を築きたい人たちと関わりを持ち、

自分の所属している**組織や居場所に安心感と一体感を持つ**

ことが大切です。自分から働きかけると相手からも関心を持たれたり、期待されることもあります。**自分の存在価値や居場所は自分が仕掛けてつくること**が大切なのです。

また、相談相手は社内にも社外にも複数持つようにします。内容によって相談できる相手が違うと理想的です。相談相手を選ぶときの視点は、その人と話す、一緒にいることで、

・自分が「元気になれる」
・自分に「自信が持てる・自信がつく」
・自分の「心を保てる」

などを満たせる人です。1人の相談相手でこの3つを備えているのは理想ですが、どれか1つでもあれば、あなたの力になってくれる相談相手である可能性は高いのです。何人かの相談相手で、それぞれの安心感を得られれば十分あなたの力になるのです。

モチベーションを維持するには、自分に自信がないとできません。自分に自信を持つ

ためには、自分が自分に対して、

ありのままの自分を受け入れることができ、自分は存在していていいという自己肯定感を育てることが大切です。この自己肯定感を1人で育てることは難しいのですが、「**誰かに必要とされている**」と感じたときに自己肯定感は育ちます。それは「**誰かの役に立つ**」行動ができたときに感じるものです。

ちょっとした親切な行動をほかの人にするだけで、少しずつですが育っていきます。

この自分の中の自己肯定感も、ぜひ大切にして育ててほしいと思います。

<モチベーションを維持する“仕掛け”>

他人（協力者）を巻き込む

他人を巻き込み、安心感を得る

＝　**組織や居場所に安心感と一体感を持つ**

⇒　**自分の存在価値や居場所は自分が仕掛けてつくること**

相談者を選ぶ視点

自分が相談者と話す、一緒にいることで、

○　自分が「元気になれる」

○　自分に「自信が持てる・自信がつく」

○　自分の「心を保てる」

の全部、またはいずれかが持てるか？

自信の源＝「自己肯定感」を育てる

自己肯定感とは、

○　ありのままの自分を受け入れられ、自分は存在していていいのだ、と思えること「誰かに必要とされている」ときに育つもの

⇒　ちょっとした親切な行動をほかの人にしよう

第4章

自分が活動しやすい人間関係を築けるスキル

～ベーシック・コミュニケーション・スキルを身につけろ～

ここまで、

第2章「仕事のやり方を自分で見つけ出せるスキル」

ベース…タスク・マネジメント

→「ビジネス・サバイバル・スキル（Business Survival Skill：ＢＳＳ）」

第3章「嫌なことがあったときに、自分の気持ちを保つことができるスキル」

ベース…心理学

→「メンタル・タフネス・トレーニング（Mental Toughness Training：ＭＴＴ）」

という、2つの具体的な手法を見てきました。いうなればこの2つはそれぞれ、

“仕事をするための基本”
＋
“自分自身で心を支える基本”

} 自分自身の中での処理方法

であり、**自分自身の中での処理方法**を学んできたのです。しかし、業種・職種を問わずどんな仕事をするにしても、必ず人と接していかなければいけません。そのためには〝人と関わる基本〟（他人への対処方法）も知っておく必要があります。**ビジネスにおいて人と関わるということは**「**自分が活動しやすい人間関係を築ける**」**こと**です。

本章では、最低限身につけておきたい基本的な考え方や具体的な手法などのスキルを、「ベーシック・コミュニケーション・スキル（Basic Communication Skill：ＢＣＳ）」として紹介していきます。

知っている人とでさえコミュニケーションを取るのは難しいときがあります。まして仕事上や初対面の人たちに対して、ある程度の良好な人間関係を築くことは、通常以上に難しいものです。ここでは、心理学の考えを取り入れ、実際に現場で活用できるスキルを紹介していきます。実践していくには、何度も繰り返して慣れていくことが必要なスキルもあります。ぜひ、自分が動きやすい環境をつくり出すためにも、チャレンジしてみてください。

1．コミュニケーションがうまく取れているって、どんな状態？

ある職場での朝の一場面を想像してみてください。あなたは職場に着いて上司を見かけ、「おはようございます！」と笑顔で元気よく挨拶をしました。それに対して上司は、忙しいのか書類に目を落としたまま「おぅ、おはよう」と声だけを返してきました。あなたはどんな気持ちになるでしょうか？　朝の挨拶ですので無意識に行っていると思いますが、「おはようと挨拶したら、自分と同じように挨拶を返してほしい」などという気持ちが多少なりともありませんか？　上司がこちらに目を向けることもなく「おはよう」と言葉だけが返ってきても、少し寂しかったり、上司との距離を感じたりすることもあるものです。

人は誰かに対して声をかけたり関わろうとするとき、何かしらの期待感を持っているといわれています。これを心理学では〝意識・無意識の期待感〟といいます。この〝意識・無意識の期待感〟に応えたやり取りが成立している（一往復できている）のが、コミュニケーションがうまく取れている状態です。先ほどの例で説明しますと、

あなた「おはようございます」（笑顔で元気よく）
往←○　復→△
上　司「おはよう」（目を見ずに）

言葉だけは返ってきていますので、△といったところでしょうか？　しかし、コミュニケーションの仕方には、言語（verbal）、非言語（nonverbal）の2種類があります。言葉は言語です。非言語とは表情や態度、声のトーンなど言葉以外のすべての関わり方です。この場合、言葉は返ってきていますが、非言語の態度「目を見ずに」なので、あなたの「ちゃんと自分と同じように挨拶を返してほしい」という期待に十分に応えているとはいえません。この場合、期待に応えた挨拶のやり取りが成立する（一往復する）のは、

あなた「おはようございます」（笑顔で元気よく）
往←○　復→○
上　司「おはよう」（せめて目を見て、できれば笑顔で元気よく）

といったやり取りなのです。

このように、うまくコミュニケーションが取れている状態とは、

相手の期待感に応えたやり取りが、一往復できていること

といえます。うまくコミュニケーションを取るためには、**相手があなたに何を期待して関わってきているのか**、を常に意識するようにすることです。相手とのやり取りで、もしも「うまくコミュニケーションが取れなかった」と感じたときは、**どの部分（言語、非言語、相手が望む目的など）で相手の期待感に応えることができなかったのか**を考えてみると、その後の適した対策を見つけやすくなります。

また、他人から好意的な態度や行動を示されると、それと同じくらいのことを返したいという気持ちが起こる〝好意の返報性〟が人にはあるといわれています。あなたが自分の味方にしたい人や邪魔をされたくない人がいる場合には、積極的に自分からその人に挨拶をしてください。たとえ相手から返事がなくても続けます。よほど嫌われていない限り、気持ちよく挨拶されて嫌な気分になる人は少ないものです。相手にこの好意の返報性の気持ちが起これば、最悪でも邪魔をしてくることはなくなるものです。

コミュニケーションがうまく取れている状態とは？

↓

相手の期待感に応えたやり取りが、
一往復できていること

○　“意識・無意識の期待感”に言語・非言語、目的などの面で十分に応えられているか？

“意識・無意識の期待感”
＝人は誰かに対して声をかけたり、関わろうとするとき、何かしらの期待感を持っているもの

味方にしたい、邪魔されたくない人には、

↓ 好意の返報性を利用して

自分から積極的・継続的に挨拶をしていくこと

“好意の返報性”
＝他人から好意的な態度や行動を示されると、それと同じくらいのことを返したいという気持ちが起こる

2. 相手と仲良くなりたかったら、相手に8割話させろ

言葉（言語・verbal）を通じて相手とコミュニケーションを取り、仲良くなるにはコツがあります。それは、

話し上手になる以上に、聴き上手になること

です。人の期待感（欲求）には、「**自分の考えや気持ちを話したい（≒聴いてもらいたい）**」というものがあります。この期待感に応えるのが、聴き上手になることです。

自分の考えや気持ちを誰かに聴いてもらえると、話した人は「聴いてもらえた」安心感から気持ちがスッキリするものです。スッキリして満足感を得ると脳の中にはドーパミンという快感物質が大量に分泌されます。このドーパミンの作用でまた「聴いてもらいたい」という欲求が相手に生じてきます。それを**何度か繰り返していくと信頼感も強まってきます**。信頼感が強まってくると、聴いてくれた人の話も入りやすくなってきます。これは、聴き上手になる手法の1つ〝傾聴（Active listening）〟の効果を段階的に説明したものでもあるのです。

①カタルシス効果（catharsis）…気持ちがスッキリして心地よい
②バディ効果（buddy）…相手に信頼感を持つ・仲間として認める
③アウェアネス効果（awareness）…新しいことに気がつく

この３つの効果を生む傾聴をあなたが日々の生活でも実践できれば、相手からは信頼されやすくなり、良好な人間関係を築くことができます。

傾聴スキルには、次のようなものがあります。

○基本的な態度

相手の話の腰を折らず、自分の考え方や価値観などで解釈したり評価したりしないで、まずはそのまま受け止めることが基本中の基本です。特に自分の考え方や価値観など（準拠枠）を交えないで、相手の話をそのまま受け入れることは難しいものです。相手の話を聴いていて浮かんでくる自分の感情や準拠枠はそのまま否定はしません。それを横においておきながら、相手はどんなことを考えてどう思っているのかを冷静に聴くようにします。

○基本的な姿勢

相手と話をするときには、優しい表情や自然体でいることを意識します。相手に向けてやや身体を前傾します。視線は目か眉間の辺りを見ます。目を見ることをアイコンタクトといいますが、相手によっては、ずっと目を見られて視線が固定されると話しにくいという人もいます。時おり視線を外すなども意識したいところです。

○簡単受容

簡単に応答して相手に「話を聴いていますよ（相手を受け容れています）」というサインを送るものです。うなずき、あいづち、相手が話した言葉の単語を1～2語繰り返すなどがあります。この簡単受容の反応は無意識でやっている人も多いです。話を聴いているあなたの様子が、もしも「無表情で、あまり反応が多くない」などと言われたことがあるなら、この簡単受容からスタートしましょう。

◯復唱

相手が話した言葉を繰り返して相手に伝え返す方法です。復唱には、事柄と感情の2つに応答するものがあります。

①事柄への復唱…相手の話した事柄や事実、状況などを、そのまま復唱する

②感情への復唱…相手の気持ちや思いを表す感情が表れている言葉を、できるだけ言い換えずに、そのまま短く復唱する

事柄への復唱は、相手に対して、「今、＊＊＊という話をしているんですよね」と復唱することで、「あなたの話をちゃんと聴いていますよ」ということを伝えて安心感を持ってもらうものです。これに対して感情への復唱は、「今、※※※という気持ちでいるんですね」と復唱することで、「あなたの気持ちわかります。伝わっています」と話している相手の気持ちを理解し共感していることを伝え、相手に一体感を持っても

らうものです。これは、言葉はその内容そのものを伝える役割に加えて、そのときの感情をも人は無意識のうちに乗せて話すものなので、相手は聴いてくれた人に一体感を持ちやすいのです。

職場において感情を表現する機会はあまりないせいか、感情を言葉で話せない人も多いものです。相手が自分の気持ちをなかなか表現できないでいるときには、聴いているほうが「今、〇〇〇〇という気持ちなのですね」と明確に伝え返すことを〝**感情の明確化**〟といいます。少し難しいスキルですが、相手の気持ちを受け止めているサインとしてはとても有効なものです。

○要約

仕事上での要約は、話の内容、特に事柄を中心にまとめます。しかし、相手との人間関係を強化したいとき、信頼感を増したいなどの場合には、相手が話してくれた、

話の内容（事柄）＋　そのときの相手の気持ち（感情）

の2つをできるだけ短めにまとめて応答します。これは感情への復唱と同じく、話の内

容だけではなく、話している人の**今の気持ち**も受け止めたことを伝えるためです。

○質問

質問には、

・自分がわからないこと、興味があり聞きたい質問（自分の興味の質問）

・話している相手がまだ十分に話していないことを具体的・明確にする質問
（相手のための質問）

と大きく２つあります。**信頼感を得るためには、相手のための質問を意識してする**ようにします。これには理由があります。

人は抽象的や曖昧なもの、不確かなものに対して、不安などのネガティブな気持ちを持ちやすいのです（「よくわかっていないから悩む、不安になる」という経験は誰しもあるのではないでしょうか？）。それを相手のための質問をすることで、曖昧だったものを具体的にしたり、明確にすることで不安感などを取り除く効果が望めます。

また相手が話したい内容につながることも、相手のための質問です。相手の話を聴いていて、何となく漠然としている、表面的なことしか話していない、などと感じたときには、相手のための質問をしてみてください。話がさらに深まったり、先に進んでいくものです。

また、質問の仕方にも2種類あります。

①開かれた質問（Open Question）…相手の考えや気持ちを自由に話してもらうための質問

②閉ざされた質問（Closed Question）…事柄や事実を確認するための質問。ＹｅｓやＮｏで答えやすい質問

相手が何を話したらいいかわからないときには、閉ざされた質問→開かれた質問と順に使い、ある程度、的を絞ってから相手に自由に話してもらうことを促します。

また、相手が話したいことがまとまっているときには、開かれた質問→閉ざされた質問の順に使い、自由に話してもらってから、何を自分に伝えたい（話したい）のかを絞っていきます。質問をするときには、これらを交互に使い分けながら、相手が話したいことを自由に話せる環境をつくることが大切です。

この項のタイトルは、「相手と仲良くなりたかったら、相手に8割話させろ」でした。この会話のうちの8割くらい相手に話をしてもらう手法が傾聴なのです。自称聴き上手の方には、聴き放しの人が多いようです。これには、話を聞いていてもただ黙って聞いているだけの人と、傾聴はできるけど自己発信をしない人の2種類があります。前者であれば、ここで紹介したスキルをトレーニングして実践すればいいでしょう。後者の場合には、自分のことも2割程度は話すことを心掛けてください。

あなたが、カウンセラーとして話を聴いているのでなければ、自分のことも伝えていかないと一方的なコミュニケーションしか成り立ちません。**あなたから得る情報もあることで、ビジネスでは「またあなたに会いたい」と思わせる要素が膨らむ**のです。傾聴ができていれば下手でもかまいません。自分の印象を残すためにも、ぜひ情報発信をしていきましょう。

相手と仲良くなるためのコツ

聴き上手になる　＞　話し上手

聴き上手の手法　＝　傾聴（Active listening）

＜傾聴の３つの効果（３段階効果）＞

① カタルシス効果（catharsis）
　気持ちがスッキリして心地よい

② バディ効果（buddy）
　相手に信頼感を持つ・仲間として認める

③ アウェアネス効果（awareness）
　新しいことに気がつく

＜傾聴のスキル＞

○ 簡単受容…うなずき、あいづち、１～２語の復唱

○ 復唱…事柄、感情への復唱（感情の明確化）

○ 要約…話の内容（事柄）＋今の相手の気持ち（感情）

○ 質問…自分の興味の質問、相手のための質問
　開かれた質問、閉ざされた質問

ビジネス上の交流は（カウンセラーでもない限り）、
傾聴（８割）＋自分からの情報発信（２割）

3. 自分と相手、両方の感情に目を向けて人と付き合え

ここまで、
・相手の意識・無意識の期待感に応えることの重要性
・そのための有効手段〝傾聴〟のスキルの紹介
をしてきました。この2つを学ぶと生じる誤解があります。それは、
「自分の考えや気持ちを出してはいけないのか?」
「自分を抑えないといけないのか?」
などです。これは管理職研修などをしていても聞かれることが多いものです。結論から言いますと、自分を抑えたりすることが必要なときもありますが、基本的には、
自分の気持ちも、相手の気持ちも、どちらも尊重して行動する
ことが大切です。このような考え方、実践の仕方を、心理学ではアサーションと呼びます。アサーションでは相手との関わり方を3つに分類しています。

①アグレッシブ（Aggressive）…攻撃的な関わり方

～I am OK！ You are not OK.～〔相手＜自分〕

相手より自分の考え方や感情を優先して、他人の考え方を尊重せず、感情などの思いやりもない関わり方をいいます。このタイプは、周りの人を犠牲にしながら自分のやりたいように行動している人とも考えられ、無意識のうちに誰かを傷つけている危険性があります。一方的で、うまいコミュニケーションのパターンとはいえません。

②ノンアサーティブ（Non-Assertive）…非主張的な関わり方

～I am not OK. You are OK！～〔相手＞自分〕

自分より相手の考え方や感情を優先して、自分の考え方を尊重せず、そのとき感じている気持ちにさえフタをして我慢し、相手に合わせて行動する関わり方をいいます。このタイプは、「自分が我慢すれば済む」、「自分のことは後回しにすればなんとかなる」と自己犠牲のうえに行動しているため、無意識のうちに自分で自分自身を傷つけていることがあります。また、我慢したことや自分の気持ちを抑制して行動しているために、

「自分が犠牲になってあげたのに」という怒り（≒ストレス）も自分自身の中に抱え込み、メンタルヘルスの視点からもよくありません。一見すると相手に合わせているので、コミュニケーションが取れているようにも見えますが、それは幻影にしかすぎません。これもうまくコミュニケーションが取れていない例の１つです。

③アサーティブ（Assertive）…適切に主張する関わり方
～I am OK！ You are OK！～〔相手≒自分〕

相手の考え方や気持ちにも配慮し、自分の考え方やそのときの気持ちも大切にする、お互いを尊重した関わり方をいいます。このタイプの人はストレスを溜め込むことも少なく、また相手に対してもストレスを与えることが少なくて済むので、より理想的な人間関係を育むことができるのです。正直で積極的でかつ協力的でもある、柔軟性を持った行動ができる人です。

人は誰しもお互いにこのアサーティブな関わり方ができたのなら、ストレスも少なく揉めることない円滑なコミュニケーションが社会全体に展開されることでしょう。しかし、残念ながら現実にはそういきません。素直に受け入れられる相手の期待感であれば問題は起きません。しかし、相手の期待感を満たせないとき、アサーティブに関わることが難しいのです。自分がいかにアサーティブに関わろうとしても、相手がノンアサーティブ、アグレッシブのどちらかの関わり方しかできない人もいます。

ノンアサーティブの人に接するときには、自分の考え方や気持ちを伝えると同時に、傾聴のスキル（簡単受容・感情への復唱・質問など）を用いて、相手の今の気持ちや考え方を聴いて確認することが必要です。そして、意見などが違う場合には、お互いに折り合いをつけるポイントを一緒に探していくのが、望ましいコミュニケーションといえます。

アグレッシブな人に対しては対策が必要です。心理学では何とかして相手を変えようとはしません（これでは、こちらもアグレッシブな関わり方になってしまいます）。相手と話して「変わってくれればラッキー」程度には考えます。しかし強制的な関わり方をしようとはせず、**自分の中の思考や感情を柔軟に状況に合わせて対応しようとするこ**

とで対処します。そのためにアサーションの手法の1つ、DESC法を活用します。これは、

自分が置かれている今の状況を整理して、話そうとするセリフを考えるためのステップです。

●DESC法
①D（Describe）…現在の状況を整理して描写する
②E（Express）…自分の素直な気持ちを表現する
③S（Specify）…自分の要望を明確に提案する
④C（Choose）…相手の反応に対する自分の思考・感情・行動を複数考える

- 訪問して 90 分が経過
- 今日伝えたい話は終わった
- お客さまの要望も確認した
- 世間話に会話が移っている
- 今日納期のタスクがある

私は、そろそろ話を切り上げたい。帰社して今日納期の仕事をしたい。

①D（Describe）…現在の状況を整理して描写する

現在、自分が置かれている状況を、客観的かつ具体的に整理して書き出していきます。どのような場面で、何が起きているのか、登場人物は誰かなど、主観は入れずに事実だけをすべて書き出します。

②E（Express）…自分の素直な気持ちを表現する

自分の本音を素直なまま書き出します。場面や状況、相手の期待感や言動などに対して、自分の心の中に生じている素直な気持ちを感じ、自分はどうしたいのかを率直に表してみます。「私は○○したい」と、Iメッセージで考えると考えやすくなります（Express は Explain：説明、Empathize：共感と表現することもあります）。

「次に予定もあるので、これで失礼します」
「もっと話をしていたいのですが、次に予定もありますので、あと30分で失礼します」

（相手の反応がYes）
ありがとうございます。では。

（相手の反応がNo）
ではあと30分だけ。
では明日改めてお伺いします。

③S（Specify）…自分の要望を明確に提案する

自分の希望や欲求、期待感などを明確にしたうえで、どのように相手に伝えるのか実際の言葉で表してみます。このとき相手が受け入れやすい言葉の使い方、表現の仕方に注意します。相手に自分の考えや思い、願望を伝える提案だと考え、2～3のパターンを準備できると理想的です。

④C（Choose）…相手の反応に対する自分の思考・感情・行動を複数考える

S（Specify）での提案内容に対する相手の反応（Yes or No）を想定して、それぞれに対する自分の心構えや言動を準備します。相手を受け入れつつも自分の考えや気持ち、意見なども含めます。

ＤＥＳＣ法は、相手の反応がＹｅｓのときよりも、Ｎｏ**のとき自分がどうするか、自分の気持ちをどう準備していくのかが鍵**になります。何の準備もしないまま否定されるよりもショックの受け方はいくらか和ぐものです。また、仮に相手にＳ（Specify）の提案が完全に否定されたとしても、その準備ができていることに加え、

自分の考えや気持ちを我慢しないで言えた

ことも重要です。「あのとき言えばよかった」、「もしあのとき自分の思いを言っていれば…」などという後悔がないことと、「ダメだったけど一応、相手に自分の言いたいことは言えた」という自分を我慢（抑圧）しなかったことなど、メンタルヘルス的にも自分の中に残るストレスが、何も言えなかったときに比べて軽くすることができるからです。

アサーションの実践にはトレーニングが必要です。しかし、その場ではできなかったとしても、そのときに自分の本音と相手に伝えたかったことを具体的に考えることで、次にＤＳＥＣ法を使う場面で、少しずつ活かされてくるものです。ぜひ続けてください。

自分の気持ちも、相手の気持ちも
どちらも尊重して行動する

アサーション
I am OK！ You are OK！

＜コミュニケーションの３つのパターン＞

◎　アサーティブ（Assertive）
　　自分も相手も尊重して関わる

▲　アグレッシブ（Aggressive）
　　自分を相手よりも優先して関わる

▲　ノンアサーティブ（Non-Assertive）
　　自分を抑えて、相手を優先して関わる

＜ＤＥＳＣ法＞

①D (Describe) …現在の状況を整理して描写
②E (Express) …自分の素直な気持ちを表現
③S (Specify) …自分の要望を明確に提案
④C (Choose) …相手の反応に対する自分の思考・感情・行動を複数考える

※自分の気持ちを我慢しないで言えることが大切！

おわりに　―辛いときこそ、笑顔で―

最後までお読みいただきまして本当にありがとうございます。この本をまとめながら感じたのは、私自身の人生の核を整理させていただいたという思いです。

私が24歳から今まで、経営コンサルタントやシニア産業カウンセラーとして仕事をしてきた経験の中で、大切にしてきたものばかりを紹介させていただきました。経営コンサルティングをしていて経営者や管理職、新入社員など、どの層の方に会っても解決を求められる内容ばかりです。また心理カウンセリングをしていても、仕事のやり方そのものや、自分の心をケアしない、できないでいる苦しさや辛さが相談者からは訴えられてきます。

・仕事のやり方を自分で見つけ出せるスキル
・嫌なことがあったときに、自分の気持ちを保つことができるスキル
・自分が活動しやすい人間関係を築けるスキル

この3つの基本的スキルは、そういう多くの機会やたくさんの人との関わりから、い

ろいろと教えていただいたものばかりです。このような経験や機会を与えてくれた、仕事で接しきた方たちに感謝しています。

また今回、出版の機会を与えてくださった経済法令研究会ならびに経法ビジネス出版の方々にも感謝しております。

本書の内容には、真新しいものはなかったかもしれません。またベテランの方には自分のやり方と違うという点も多かったことでしょう。ここにあげさせていただいた例は、基本的な考え方以外は一例だとご理解ください。仕事ができる人は基本をおさえながらも、皆自分なりのやり方を工夫して行動されています。新人や働いて数年を経ている皆さんは、これを参考にぜひ自分のやり方を見つけ出していただきたいと思います。

仕事をしていくうえで、嫌なことや悩むことも多いかもしれません。しかし、そのときにずっと落ち込んだままでいたり、下を向いていても誰も助けてくれないのが現実です。

〝辛いときこそ、笑顔で！〟

上を向いて前向きに歩み続けていければ、誰かしらからの助けもあるものです。心身ともに健康に仕事をしながら、自分の人生を創っていきましょう。ありがとうございました。

深谷行弘

２０１６年２月

深谷行弘（ふかや ゆきひろ）

1967年東京都新宿区生まれ。東京学芸大学教育学部卒業後、某大手コンサルティング会社のフランチャイジーや会計事務所系のコンサルティング会社などを経て、2003年に有限会社PB－Partnerを設立し独立（現在の株式会社PB－Partner）。
1991年から多くの組織で人事制度の構築支援、従業員の教育研修、働く人やその家族などに対するカウンセリングなどを実施する。官公庁、企業、商工会議所などの各種団体などでセミナーなどの講演や、雑誌のコラム、メンタルヘルスに関する通信教育のテキストなどの執筆活動も行っている。
経営コンサルタントとシニア産業カウンセラーという2つの視点から見たメンタルヘルスケアやモチベーション・コントロールなどを柱に、人材に特化した活動を展開している。

経法ビジネス新書　011

社員研修では教えない、仕事の本当のやり方

2016年3月12日初版第1刷発行

著　者	深谷行弘
発行者	金子幸司
発行所	株式会社 経済法令研究会 〒162-8421　東京都新宿区市谷本村町3-21 Tel　03-3267-4811 http://www.khk.co.jp/
企画・制作	経法ビジネス出版株式会社 Tel　03-3267-4897
カバーデザイン	株式会社 キュービスト
帯デザイン	佐藤　修
編集協力	株式会社 ビーケイシー
印刷所	音羽印刷株式会社

乱丁・落丁はお取替えいたします。

ISBN978-4-7668-4810-6 C0234

経法ビジネス新書刊行にあたって

経済法令研究会は、主に金融機関に必要とされる業務知識に関する、書籍・雑誌の発刊、通信講座の開発および研修会ならびに銀行業務検定試験の全国一斉実施等を通じて、金融機関行職員の方々の業務知識向上に資するためのお手伝いをしてまいりました。

ところがその間、若者の活字離れが喧伝される中、ゆとり世代からさとり世代と称されるにいたり、価値観の多様化の名のもとに思考が停滞しているかの様相を呈する時代となりました。そこで、文字文化の息吹を絶やさないためにも、考える力を身につけて明日の夢につながる知恵を紡いでいくことが、出版人としての当社の使命と考え、経済法令研究会創業55周年を数えたのを機に、経法ビジネス新書を創刊することといたしました。読者のみなさまとともに考える道を歩んでまいりたいと存じます。

２０１４年9月

経法ビジネス出版株式会社

経法ビジネス新書　001
一生嫌われない人生を手に入れる　ホスピタリティの力
野口幸一

人間関係の第一人者が、日常のなかから気軽にはじめるホスピタリティについて、やさしく指南します。「ホスピタリティな生き方」を実践する格好の入門書です！

経法ビジネス新書　002
子育て主婦が知っておきたいお金の話
ごうだなみこ

子育てママのファイナンシャル・プランナーが、子育て主婦を対象に〝主婦にまつわるお金の知識・家計プランの作り方〟を分かりやすく解説します。

経法ビジネス新書　003
3分あれば部下を育てられる実践スキル46
横山美弥子

業務多忙ななか部下を育てる実践スキルを紹介。「時間がない」なかで人材をどう育てるか、ほめ方、叱り方などを具体的に解説します。

経法ビジネス新書　004
90分で納得!! ストーリーでわかる相続 A to Z
あさひ法律事務所

「相続」について、始まりから10日間のストーリー展開をもとに、遺言相続部門の弁護士が、相続の要点について分かりやすく解説します。

経法ビジネス新書　005
社員が輝くときお客さまの満足が生まれる
久保華図八

バグジー美容室の経営者が、ES・CSにつながる「心の経営」を実践的に紹介。すべての人に愛と感動をもたらす1冊です！